사자성어를 알면 어휘가 보인다

신성권 지음

쓰기 연습 노트 1

하늘
아래

한자교육의 중요성에 대하여

한자 없이 한글만 사용해도 문맥에 따라 그 의미를 파악할 수 있다고 주장하는 사람들은, 한자 교육은 그저 사교육을 부추기고 학습 부담만 늘리는 요인이라고 생각하겠지만, 한자를 학습했을 때 얻을 수 있는 효과가 매우 크다는 점을 알아두길 바란다.

한글이 만들어진 이후에도 우리가 일상생활에서 사용하고 있는 한자어의 수는 대단히 많다. 우리말의 어휘는 70% 정도가 한자로 되어있고 동음이의어가 많아 한글로만 표기할 시 의미 구별이 쉽지가 않다. 일상에서 자주 사용하는 쉬운 어휘들은 한글의 학습만으로도 문맥상 잘 구분해서 사용할 수 있겠지만, 대학교 진학 이후에 마주하게 되는 학술용어나 전문용어는 대부분이 한자어로 되어있고 이것을 한글만으로 표기했을 때 올바른 의미 전달이 되지 않을 뿐만 아니라 내용상 혼란을 야기할 수도 있다. 한자를 알면 그만큼, 전문용어에 대한 이해와 습득에 유리할 수밖에 없는 것이다.

비용효율적인 면에서도 한자 교육의 효과는 매우 크다. 아이에게 한자를 가르친다고 해서, 많은 비용이나 시간이 들어가는 것도 아니다. 한자는 어릴 때 한 번 제대로 공부해 두면, 어른이 되어서도 그 한자 실력으로 효용을 누릴 수 있다. 한자 관련 전공자가 아닌 이상, 모든 국민이 한자를 수년간 매달리면서 공부해야 할 필요는 없다. 기본 한자 1,000개 정도와 일상에서 자주 쓰는 사자성어만 좀 알아두면, 한자 실력이 부족해서 불이익받을 일은 거의 없다. 이는 똑똑한 아이는 한두 달, 학습능력이 보통인 아이들은 몇 개월이면 습득 가능한 수준이다.

고급어휘의 습득을 떠나, 현재 우리나라에는 자신의 이름, 가족의 이름도 한자로 쓸 줄 모르거나 읽을 줄 모르는 학생들이 수두룩하다. 이는 생각보다 심각한 수준이다. 한자는 몇 개월 집중적으로 공부하면, 들인 시간 및 비용 대비 얻을 수 있는 효용이 큰데, 이것을 하지 않아서 한자로 자기 이름도 쓸 줄 모르는 국민이 양산되는 것은 필자로서는 이해하기 힘들다.

　한편, 한자를 중국만의 문자로 보는 좁은 인식에서 벗어나는 것도 중요하다. 한자는 동양문화권의 기반이 되는 문자로 이해해야 한다. 우리나라에는 한자로 보전되어있는 전통문화유산이 매우 많다. 아시아 국가 간 문화적 이해와 교류를 위해서라도 한자 교육은 반드시 필요하다. 한자를 한 번 습득해 두면, 차후 중국어나 일본어를 익힐 때도 큰 도움이 될 것이다.

　끝으로 이 책은 사자성어를 통해 초·중·고등학생부터 성인에 이르기까지, 한자를 익힐 수 있도록 하는 데 목적이 있다. 특히 마음, 인생, 삶, 친구, 겸손, 공부, 지혜, 꿈 등 일곱 가지 주제별로 다양한 사자성어를 다루었으며, 각 파트별로 한자를 배우고, 멋지게 쓰고, 멋지게 표현할 수 있도록 세 가지 원칙으로 구성하였다.

　《사자성어를 알면 어휘가 보인다》의 《쓰기 연습 노트 1》은 기초 한자에서부터 고급 한자에 이르기까지 매우 다양한 한자를 다루고 있으므로, 분명 어휘력과 지적 교양이 한층 높아지게 될 것이다. 하지만 무작정 암기하는 것은 별로 추천하지 않는다. 모든 학문에는 원리와 원칙이 존재하는 법. 원리와 원칙을 먼저 파악하고 그것들을 생각하면서 한자를 익혀야 더욱 효과적인 학습이 가능할 것이다. 본문에 앞서 서두에 한자의 형성 원리와 필순에 대한 원칙들을 정리하였다. 이를 먼저 익히고, 고려하면서 한자 공부를 시작하길 권한다.

신성권

한자가 만들어지고 활용되는 원리를 6가지로 분류하여 육서(六書)라고 한다. 고대인들이 육서라는 원칙을 세우고 거기에 따라 글자를 만든 것이기보다는, 후대 사람들이 한자를 분석하여 여섯 가지로 귀납시킨 것이다.

육서에는 상형(象形), 지사(指事), 회의(會意), 형성(形聲), 전주(轉注), 가차(假借)가 있다. 한자를 학습할 때, 무작정 쓰면서 암기하기보다는, 만들어지고 활용되는 원리를 함께 생각하면서 익히는 편이 효율적일 것이다.

1. 상형(象形)
물체의 형상을 본떠서 글자를 만드는 방법이다.

예 해를 본떠서 '日(날 일)'자를 만듦. ☼ → ☉ → ㅂ → 日

2. 지사(指事)
사물의 추상적인 개념을 본떠 글자를 만드는 방법으로, 글자 모양이 어떤 사물의 위치나 수량을 나타냄.

예 上은 위 下는 아래, 一은 하나 二는 둘을 가리킴.

3. 회의(會意)
둘 이상의 한자를 합하고 그 뜻도 합성하여 글자를 만드는 방법.

예 日(날 일)과 月(달 월)을 합하여 明(밝을 명)자를 만들어 밝다는 뜻을 나타냄

4. 형성(形聲)
둘 이상의 한자를 합하여 새로운 글자를 만드는 방법으로 일부는 뜻을 나타내고 일부는 음을 나타낸다.

예 銅(구리 동)자에서 金(쇠 금)은 금속이라는 뜻을 나타내고 同(한 가지 동)은 음을 나타낸다.

5. 전주(轉注)

이미 있는 한자의 뜻을 확대하여 다른 뜻으로 쓰는 방법으로, 음이 바뀌기도 한다.

예 樂(풍류 악)이 '즐길 락', '좋아할 요'라는 훈음으로 쓰임.

6. 가차(假借)

어떤 뜻을 나타내는 한자가 없을 때 뜻은 다르나 음이 유사한 글자를 빌려 쓰는 방법이다.

예 Italia(이탈리아) ➡ 이태리(伊太利)

한자의 필순 筆順

한자를 쓰는 데는 일정한 규칙이 있다. 필순(筆順)이란 한자 낱자를 쓸 때의 순서를 의미한다. 필순이 먼저 생기고 그것에 따라 쓴 것이 아니라는 점에서 반드시 절대적이라고 할 수는 없지만, 수많은 한자를 씀에 있어 모양새 있게 쓰면서 빠르고 정확하게 쓸 수 있는 순서를 찾아 이를 귀납적으로 규칙화한 것이다.

필순(筆順)의 원칙은 다음과 같다.

1. 위에서 아래로 쓴다.

예 三   一 二 三

2. 왼쪽에서 오른쪽으로 쓴다.

예 川	ノ ノ 川

3. 가로와 세로가 겹칠 때에는 가로획을 먼저 쓴다.

예 十	一 十

4. 좌우 대칭일 때는 가운데 획을 먼저 쓰고 왼쪽, 오른쪽의 순서로 쓴다.

예 小	亅 小 小
예 水	亅 刂 水 水

5. 둘러싼 모양의 글자는 바깥둘레를 먼저 쓰고 안은 나중에 쓴다.

예 月	ノ 刀 月 月
예 同	丨 冂 冃 冃 同 同

– 바깥둘레를 먼저 쓰고, 안은 나중에 쓰나 문은 마지막에 닫는다.

예 回	丨 冂 冂 冋 回 回
예 國	丨 冂 冂 冃 冃 同 同 或 國 國 國

6. 삐침(ノ)과 파임(乀)이 어우를 때는 삐침을 먼저 쓴다.

예 人	ノ 人
예 父	ノ 八 分 父

7. 글자 전체를 꿰뚫는 획이나 받침(辶, 廴)은 나중에 쓴다.

예	中	ㅣ 口 口 中
예	母	ㄴ 뀨 뀨 母 母

예	近	´ ㄏ ㄏ 斤 斤 沂 沂 近
예	建	ㄱ ㄱ ㅋ ㅋ ㅋ 聿 肁 肂 建

예외) 起, 題, 勉 등의 받침(走, 是, 免)은 받침을 먼저 쓴다.

8. 오른쪽 위의 점과 안의 점은 맨 나중에 찍는다.

예	代	ノ イ 仁 代 代
예	瓦	ㄧ ㄱ ㄷ 瓦 瓦

* 원칙으로 인정되는 필순이 복수이거나 위의 원칙에서 벗어나는 예외적인 글자도 간혹 있지만,
  그런 경우는 별도로 익혀두는 수밖에 없다.

〈필순 참고사항〉

1. ⺿(초두머리)는 4획으로 다음의 필순을 권장한다.

⺿		ㅡ 十 十 ⺿

2. ⽍(필발머리)의 필순은 5획으로 다음의 필순을 권장한다.

⽍		ㄱ ㄱ ㄹ ㄹ ⽍

3. 臼(절구 구)의 필순은 6획으로 다음의 필순을 권장한다.

臼		´ ㄱ ㅌ 臼 臼 臼

차례

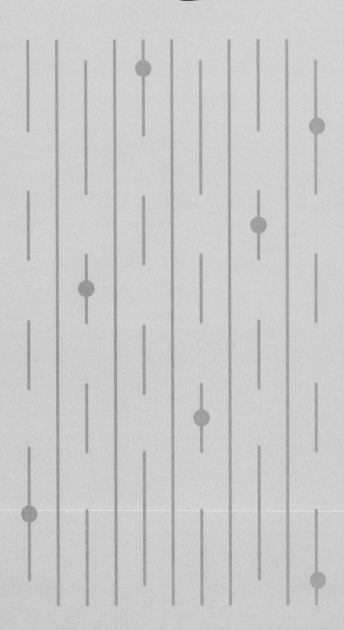

첫째 마당

사람의 마음

마음

각루심골

刻鏤心骨

마음속 깊이 새겨 잊지 않음을 이르는 말.

새길 각   부수 : 刂

刻　刻

총 8획　 `ㅡ ㅗ ㅏ 亥 亥 亥 刻 刻`

새길 루   부수 : 金

鏤　鏤

총 19획　 丿 丿 亼 亽 亼 车 车 金 金 釒 釒 釒 釒 釕 釕 鏤 鏤 鏤 鏤

마음 심   부수 : 心

心　心

총 4획　 丿 心 心 心

뼈 골   부수 : 骨

骨　骨

총 10획　 丨 冂 冃 冎 冎 咼 骨 骨 骨

멋지게 쓰기

刻　鏤　心　骨

멋지게 말하기

지금까지 도와주신 은혜 **각루심골**하며 살겠습니다.

각자위심

各自爲心

제각기 마음을 달리 먹음. 또는 그런 마음.

각각 각   부수 : 口

各　各

총 6획　 丿 ク タ 冬 各 各

스스로 자   부수 : 自

自　自

총 6획　 丿 丆 冂 自 自 自

할 위   부수 : 爫

爲　爲

총 12획　 ㇐ ㇏ ㇒ ㇖ 爫 尸 尸 戶 爲 爲 爲 爲

마음 심   부수 : 心

心　心

총 4획　 丿 心 心 心

멋지게 쓰기

各　自　爲　心

멋지게 말하기

우리는 **각자위심**에서 벗어나
단결하는 모습을 보여야 합니다.

감개무량

感慨無量

마음속에서 느끼는 감동이나 느낌이 끝이 없음.

견마지심

犬馬之心

개나 말이 주인을 위하는 마음이라는 뜻.

느낄 감   부수 : 心

感	感				

총 13획   一 厂 厂 厂 厉 咸 咸 咸 咸 感 感 感

개 견   부수 : 犬

犬	犬				

총 4획   一 ナ 大 犬

분개할 개   부수 : 忄

慨	慨				

총 14획   丶 丶 忄 忄 忄 忄 忄 悄 悄 悄 慨 慨 慨

말 마   부수 : 馬

馬	馬				

총 10획   一 厂 厂 厂 馬 馬 馬 馬 馬 馬

없을 무   부수 : 灬

無	無				

총 12획   丿 丿 二 仁 午 牟 無 無 無 無 無 無

갈 지   부수 : 丿

之	之				

총 4획   丶 一 フ 之

헤아릴 량   부수 : 里

量	量				

총 12획   丶 口 曰 日 旦 무 무 昌 昌 昌 量 量

마음 심   부수 : 心

心	心				

총 4획   丿 心 心 心

멋지게 쓰기

感	慨	無	量

멋지게 쓰기

犬	馬	之	心

멋지게 말하기

오랜만에 고향에 방문하니 모든 것이
감개무량하였다.

멋지게 말하기

저에게 맡겨만 주신다면 **견마지심**을 다해
임무를 완수하겠습니다.

동심동력
同心同力

마음을 같이하여 힘을 합친다는 뜻.

명심불망
銘心不忘

마음에 깊이 새겨 오랫동안 잊지 않음을 뜻하는 말.

한가지 동				부수 : 口
同	同			

총 6획 丨 冂 冃 同 同 同

마음 심				부수 : 心
心	心			

총 4획 丿 心 心 心

한가지 동				부수 : 口
同	同			

총 6획 丨 冂 冃 同 同 同

힘 력				부수 : 力
力	力			

총 2획 フ 力

새길 명				부수 : 金
銘	銘			

총 14획 丿 亠 仁 仁 午 午 全 金 金 釒 釠 釛 銘 銘

마음 심				부수 : 心
心	心			

총 4획 丿 心 心 心

아니 불				부수 : 一
不	不			

총 4획 一 フ 不 不

잊을 망				부수 : 心
忘	忘			

총 7획 丶 亠 亡 产 忘 忘 忘

멋지게 쓰기

同	心	同	力

멋지게 쓰기

銘	心	不	忘

멋지게 말하기

우리는 오늘 **동심동력**하여 이 일을 끝내야 한다.

멋지게 말하기

선생님의 은혜에 **명심불망**하며 살아가겠습니다.

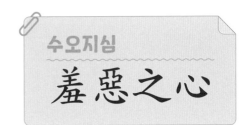

상사일념

相思一念

서로 그리워하는 한결같은 생각 또는 마음.

수오지심

羞惡之心

의롭지 못함을 부끄러워하고
착하지 못함을 미워하는 마음.

서로 상 　　　　　　　　　　부수 : 目

| 相 | 相 | | | |

총 9획　一 十 才 木 札 机 相 相 相

부끄러울 수 　　　　　　　　부수 : 羊

| 羞 | 羞 | | | |

총 11획　丶 丶 丷 쓰 쓰 羊 羊 羔 羞 羞 羞

생각할 사 　　　　　　　　　부수 : 心

| 思 | 思 | | | |

총 9획　丨 冂 曰 田 田 毘 思 思 思

미워할 오 　　　　　　　　　부수 : 心

| 惡 | 惡 | | | |

총 12획　一 丆 丆 쬬 쬬 쬬 쬬 亞 亞 惡 惡 惡

한 일 　　　　　　　　　　　부수 : 一

| 一 | 一 | | | |

총 1획　一

갈 지 　　　　　　　　　　　부수 : 丿

| 之 | 之 | | | |

총 4획　丶 亠 ㇇ 之

생각 념 　　　　　　　　　　부수 : 心

| 念 | 念 | | | |

총 8획　丿 人 今 今 今 念 念 念

마음 심 　　　　　　　　　　부수 : 心

| 心 | 心 | | | |

총 4획　丶 心 心 心

멋지게 쓰기

| 相 | 思 | 一 | 念 |

멋지게 쓰기

| 羞 | 惡 | 之 | 心 |

멋지게 말하기

그녀를 생각하는 **상사일념**은
날이 갈수록 짙어 간다.

멋지게 말하기

아무리 똑똑해도 **수오지심**이 없다면,
인간의 도리를 다할 수 없다.

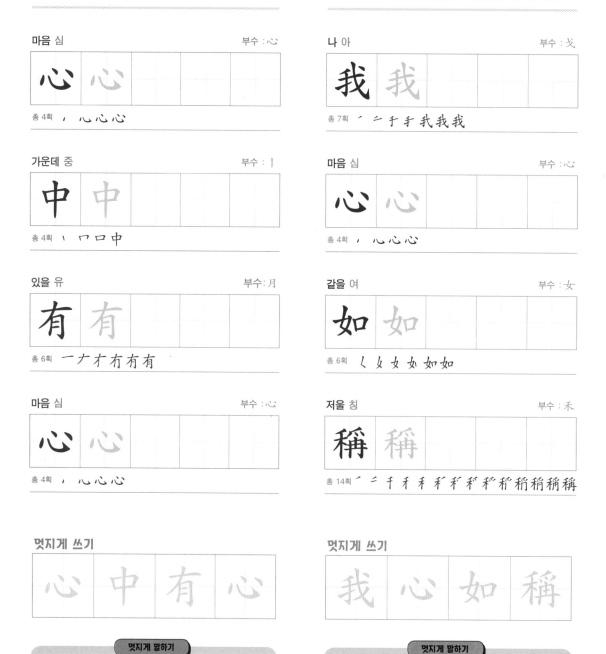

心中有心

마음속에 마음이 있다는 뜻으로,
마음으로써 마음을 견제한다는 의미.

마음 심   부수 : 心

心 心

총 4획 ⼂ 心 心 心

가운데 중   부수 : |

中 中

총 4획 ⼁ 冂 口 中

있을 유   부수 : 月

有 有

총 6획 一 ナ 才 有 有 有

마음 심   부수 : 心

心 心

총 4획 ⼂ 心 心 心

아심여칭

我心如稱

내 마음이 저울과 같다는 뜻으로,
공평한 마음과 자세를 갖고 있음을 이르는 말.

나 아   부수 : 戈

我 我

총 7획 ⼃ 二 千 千 我 我 我

마음 심   부수 : 心

心 心

총 4획 ⼂ 心 心 心

같을 여   부수 : 女

如 如

총 6획 ⼣ 女 女 女 如 如

저울 칭   부수 : 禾

稱 稱

총 14획 ⼃ 二 千 千 禾 禾 禾 稈 稈 稱 稱 稱 稱 稱

멋지게 쓰기

心 中 有 心

멋지게 쓰기

我 心 如 稱

멋지게 말하기

나이를 먹어갈수록 좀 더 냉정하게 **심중유심**하며
나를 다스리는 연습을 해야겠다.

멋지게 말하기

그는 **아심여칭**하여, 모든 사람을 공정하게 대한다.

안분지족
安分知足

편한 마음으로 자기 분수를 지키며 만족할 줄 앎.

편안할 안　　　　　　　부수 : 宀

安	安			

총 6획　`丶丶宀宀安安`

나눌 분　　　　　　　부수 : 刀

分	分			

총 4획　`丿八分分`

알 지　　　　　　　부수 : 矢

知	知			

총 8획　`丿丿丨丿矢矢知知`

발 족　　　　　　　부수 : 足

足	足			

총 7획　`丨口口甲甲甲足`

멋지게 쓰기

安	分	知	足

멋지게 말하기

형석이는 욕심을 버리고
안분지족을 하며 살고 있다.

안심결정
安心決定

확실한 안심을 얻어서
마음이 흔들리지 않는 경지에 이름.

편안할 안　　　　　　　부수 : 宀

安	安			

총 6획　`丶丶宀宀安安`

마음 심　　　　　　　부수 : 心

心	心			

총 4획　`丿心心心`

결단할 결　　　　　　　부수 : 氵

決	決			

총 7획　`丶丶氵氵汀江決決`

정할 정　　　　　　　부수 : 宀

定	定			

총 8획　`丶丶宀宀宁宇定定`

멋지게 쓰기

安	心	決	定

멋지게 말하기

그는 **안심결정**하여, 희로애락에도
마음이 크게 동요하지 않는다.

안여태산

安如泰山

태산같이 마음이 편안하다는 의미로,
믿음직스럽고 듬직함을 이르는 말.

편안할 안　　　　　　　　부수 : 宀

安　安

총 6획 　丶丶宀灾安安

같을 여　　　　　　　　부수 : 女

如　如

총 6획 　乙女女如如如

클 태　　　　　　　　부수 : 水

泰　泰

총 10획 　一二三声夫表泰泰泰泰

메 산　　　　　　　　부수 : 山

山　山

총 3획 　丨山山

언감생심

焉敢生心

어찌 감히 그런 마음을 품을 수 있겠냐는 뜻으로,
전혀 그런 마음이 없었음을 이르는 말.

어찌 언　　　　　　　　부수 : 灬

焉　焉

총 11획 　一丁下正正严焉焉焉焉焉

감히 감　　　　　　　　부수 : 攵

敢　敢

총 12획 　丁丆丐丑丱丱月耳取敢敢敢

날 생　　　　　　　　부수 : 生

生　生

총 5획 　丿一二牛生

마음 심　　　　　　　　부수 : 心

心　心

총 4획 　丶心心心

멋지게 쓰기

安　如　泰　山

멋지게 쓰기

焉　敢　生　心

> **멋지게 말하기**
> 이렇게 뛰어난 인재가 우리 회사에 들어왔다니,
> 정말 **안여태산**이다.

> **멋지게 말하기**
> 오십을 바라보는 나이에 철인 삼종 경기를
> 완주한다는 것은 **언감생심** 꿈도 꾸지 못하였을 뿐
> 아니라 남의 일인 줄 알았다.

마음은 간절하여도 뜻대로 되지 않음을 뜻하는 말.

마음과 마음으로 서로 뜻이 통함을 이르는 말.

있을 유   부수 : 月

有	有		

총 6획   一 ナ ォ 有 有 有

뜻 의   부수 : 心

意	意		

총 13획   丶 一 亠 宀 立 产 音 音 音 音 意 意 意

없을 막   부수 : 艹

莫	莫		

총 11획   一 十 オ 艹 艹 芒 苩 苩 莒 莫 莫

드디어 수   부수 : 辶

遂	遂		

총 13획   丶 丷 丷 广 丏 豸 豸 豸 豕 豕 遂 遂 遂

써 이   부수 : 人

以	以		

총 5획   丨 丶 丬 以 以

마음 심   부수 : 心

心	心		

총 4획   丿 心 心 心

전할 전   부수 : 亻

傳	傳		

총 13획   丿 亻 亻 亻 仴 俌 俌 俌 俥 俥 傳 傳 傳

마음 심   부수 : 心

心	心		

총 4획   丿 心 心 心

멋지게 쓰기

有	意	莫	遂

멋지게 쓰기

以	心	傳	心

목표를 정해놓고 최선을 다했지만,
유의막수가 되었다.

웃을 뿐 말이 없으나 **이심전심** 의사가 잘 통하고
아주 비위에 맞는 친구다.

인지상정
人之常情

사람이면 누구나 가질 수 있는
보통의 마음이나 감정을 뜻하는 말.

사람 인   부수 : 人

人　人

총 2획　ノ 人

갈 지   부수 : ノ

之　之

총 4획　丶 ㇀ 之 之

항상 상   부수 : 巾

常　常

총 11획　丶 丶 丷 小 小 冶 冶 背 背 背 常

뜻 정   부수 : 忄

情　情

총 11획　丶 丷 忄 忄 忄 忄 情 情 情 情 情

멋지게 쓰기

人　之　常　情

멋지게 말하기

어려운 사람을 보면, 도와주는 것이 **인지상정**이다.

일심동체
一心同體

한마음 한 몸이라는 뜻으로,
서로 굳게 결합함을 이르는 말.

한 일   부수 : 一

一　一

총 1획　一

마음 심   부수 : 心

心　心

총 4획　ノ 心 心 心

한가지 동   부수 : 口

同　同

총 6획　丨 冂 冂 同 同 同

몸 체   부수 : 骨

體　體

총 23획　丨 冂 冎 呂 呂 呂 骨 骨 骨 體 體 體 體
體 體 體 體 體 體 體 體 體 體

멋지게 쓰기

一　心　同　體

멋지게 말하기

노사가 **일심동체**가 되어
쓰러져 가던 회사를 일으켰다.

18

일편단심
一片丹心

한 조각의 붉은 마음이라는 뜻으로,
오직 한 가지의 변함없는 마음을 이르는 말.

한 일　　　　　　　　　부수 : 一

一　一

총 1획　一

조각 편　　　　　　　　부수 : 片

片　片

총 4획　丿 丿 丿 片

붉을 단　　　　　　　　부수 : 丶

丹　丹

총 4획　丿 刀 月 丹

마음 심　　　　　　　　부수 : 心

心　心

총 4획　丿 心 心 心

멋지게 쓰기

一　片　丹　心

자격지심
自激之心

자기가 한 일에 대하여 스스로 미흡하게 여기는
마음을 뜻하는 말.

스스로 자　　　　　　　부수 : 自

自　自

총 6획　丿 丨 冂 白 白 自

부딪혀 흐를 격　　　　　부수 : 氵

激　激

총 16획　丶 丶 氵 氵 氵 沪 沪 沪 沪 渚 滂 滂 滂
漖 激 激

갈 지　　　　　　　　　부수 : 丿

之　之

총 4획　丶 亠 ヲ 之

마음 심　　　　　　　　부수 : 心

心　心

총 4획　丿 心 心 心

멋지게 쓰기

自　激　之　心

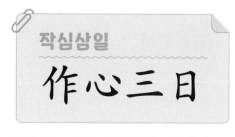

자괴지심
自愧之心

자기의 행동이나 생각 따위에 대해
스스로 부끄럽게 여기는 마음.

스스로 자   부수 : 自

自 自

총 6획   ′ ′ ′ 门 白 自 自

부끄러워할 괴   부수 : 忄

愧 愧

총 13획   ′ ′ ′ ′ ′ ′ ′ ′ 愧 愧 愧 愧

갈 지   부수 : 丿

之 之

총 4획   ′ ′ ′ 之

마음 심   부수 : 心

心 心

총 4획   ′ 心 心 心

멋지게 쓰기

自 愧 之 心

멋지게 말하기

형석이는 이번에도 시험에 떨어져서,
자괴지심을 느끼고 있다.

작심삼일
作心三日

단단히 먹은 마음이 사흘을 가지 못한다는 뜻으로,
결심이 굳지 못함을 이르는 말

지을 작   부수 : 亻

作 作

총 7획   ′ ′ ′ ′ ′ 作 作

마음 심   부수 : 心

心 心

총 4획   ′ 心 心 心

석 삼   부수 : 一

三 三

총 3획   一 二 三

날 일   부수 : 日

日 日

총 4획   丨 冂 日 日

멋지게 쓰기

作 心 三 日

멋지게 말하기

새해 한 달에 한 권의 책을 읽기로
결심하였으나 **작심삼일**이었다.

적자지심
赤子之心

죄악에 물들지 아니하고 순수하며
거짓이 없는 마음을 뜻하는 말.

전심전력
全心全力

마음과 힘을 한곳에 온통 쏟는다는 뜻.

붉을 적   부수 : 赤

赤 赤

총 7획 　一 十 土 ナ 赤 赤 赤

아들 자   부수 : 子

子 子

총 3획 　フ 了 子

갈 지   부수 : ノ

之 之

총 4획 　丶 亠 ㇌ 之

마음 심   부수 : 心

心 心

총 4획 　ノ 心 心 心

온전할 전   부수 : 入

全 全

총 6획 　ノ 人 ㇑ 仝 全 全

마음 심   부수 : 力

心 心

총 4획 　ノ 心 心 心

온전할 전   부수 : 入

全 全

총 6획 　ノ 人 ㇑ 仝 全 全

힘 력   부수 : 力

力 力

총 2획 　フ 力

멋지게 쓰기

赤 子 之 心

멋지게 쓰기

全 心 全 力

멋지게 말하기

그는 험한 세상에서도 **적자지심**을 간직하고 있다.

멋지게 말하기

이것은 그녀가 **전심전력**으로 만든 작품인 만큼
전시회에서도 가장 큰 호응을 얻었다.

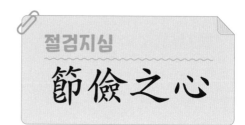

전심치지

專心致之

오직 한마음을 가지고 한길로만 나아감.

절검지심

節儉之心

절약하고 검소하게 생활하는 마음을 뜻하는 말.

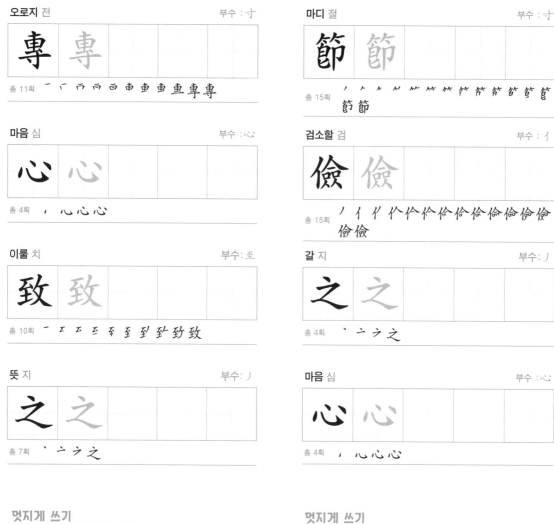

오로지 전   부수 : 寸

專   專

총 11획   一 厂 厂 币 由 車 重 重 重 專 專

마음 심   부수 : 心

心   心

총 4획   ノ 心 心 心

이룰 치   부수 : 至

致   致

총 10획   一 丁 工 互 至 至 到 致 致 致

뜻 지   부수 : ノ

之   之

총 7획   、 一 ラ 之

마디 절   부수 : 寸

節   節

총 15획   ノ ト ゲ ゲ ゲ 竺 笁 笁 笁 笁 筤 筤 節 節

검소할 검   부수 : 亻

儉   儉

총 15획   ノ 亻 亻 仒 伶 伶 伶 俭 俭 俭 倫 倫 儉 儉

갈 지   부수 : ノ

之   之

총 4획   、 一 ラ 之

마음 심   부수 : 心

心   心

총 4획   ノ 心 心 心

멋지게 쓰기

專 心 致 之

멋지게 쓰기

節 儉 之 心

멋지게 말하기

그는 자기 적성에 맞는 분야를 골라 **전심치지**하여,
큰 성과를 이루었다.

멋지게 말하기

민준이는 **절검지심**의 습관 덕에, 젊은 나이에도
비교적 많은 돈을 모았다.

정심성의
正心誠意

마음을 바르게 하고 뜻을 정성스럽게 한다는 뜻.

바를 정　　　　　　　　부수 : 止

正　正

총 5획　一　丅　下　正　正

마음 심　　　　　　　　부수 : 心

心　心

총 4획　丿　心　心　心

정성 성　　　　　　　　부수 : 言

誠　誠

총 13획　丶　一　亠　三　言　言　言　訂　訢　訪　誠　誠　誠

뜻 의　　　　　　　　부수 : 心

意　意

총 13획　丶　一　亠　立　立　音　音　音　音　意　意　意

멋지게 쓰기

正　心　誠　意

좌불안석
坐不安席

마음이 불안하거나 걱정스러워 자리에 가만히
앉아 있지 못하고 안절부절못하는 모양을 이르는 말.

앉을 좌　　　　　　　　부수 : 土

坐　坐

총 7획　丿　人　𠂉　𠃌　𠈌　坐　坐

아니 불　　　　　　　　부수 : 一

不　不

총 4획　一　丆　才　不

편안할 안　　　　　　　　부수 : 宀

安　安

총 6획　丶　丷　宀　灾　安　安

자리 석　　　　　　　　부수 : 巾

席　席

총 10획　丶　一　广　广　庁　庁　庐　庐　庶　席

멋지게 쓰기

坐　不　安　席

마음을 졸여서 태우며 괴롭게 염려한다는 뜻.

인간의 본성에서 우러나오는 마음씨로, 다른 사람의
불행을 불쌍히 여기는 마음을 뜻하는 말.

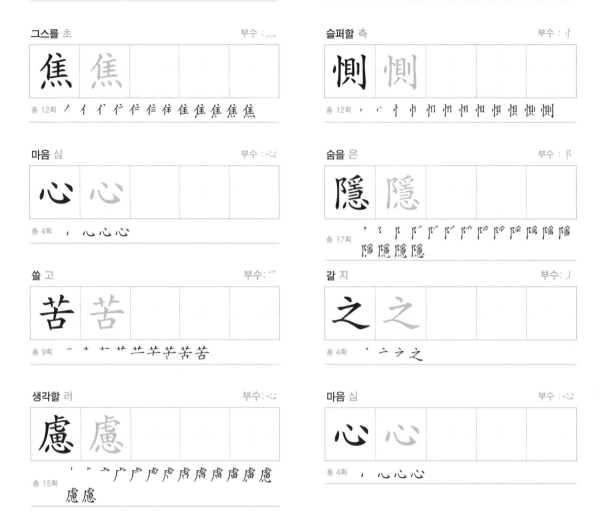

그스를 초 　　　　　　부수 : 灬

焦　焦

총 12획 　ノ　イ　亻　亻　什　隹　隹　佳　隹　焦　焦

마음 심 　　　　　　부수 : 心

心　心

총 4획 　丿　心　心　心

쓸 고 　　　　　　부수 : 艹

苦　苦

총 9획 　一　十　艹　艹　苎　芢　苦　苦

생각할 려 　　　　　　부수 : 心

慮　慮

총 15획 　丶　广　广　户　卢　虍　虍　虜　虜　虜　慮　慮　慮

슬퍼할 측 　　　　　　부수 : 忄

惻　惻

총 12획 　丶　忄　忄　忄　忄　忄　忄　惧　惧　惻　惻

숨을 은 　　　　　　부수 : 阝

隱　隱

총 17획 　丿　阝　阝　阝　阝　阝　阽　阽　陷　陷　隱　隱　隱　隱

갈 지 　　　　　　부수 : 丿

之　之

총 4획 　丶　一　ラ　之

마음 심 　　　　　　부수 : 心

心　心

총 4획 　丿　心　心　心

멋지게 쓰기

焦　心　苦　慮

멋지게 쓰기

惻　隱　之　心

멋지게 말하기

간부들 간 의견대립이 심화되자, 사장은 선택의
갈림길 앞에서 **초심고려**하는 낯빛이 역력했다.

멋지게 말하기

불쌍한 사람을 동정하는 것은
누구나 가지고 있는 **측은지심**이다.

痛入骨髓

통입골수

억울하고 분한 마음이 골수에 깊이 사무친다는 뜻.

아플 통 부수 : 疒

痛 痛

총 12획 `丶亠广广疒疒疒疒疒病痛痛`

들 입 부수 : 入

入 入

총 2획 `丿入`

뼈 골 부수 : 骨

骨 骨

총 10획 `丨冂冂冎冎骨骨骨骨`

골수 수 부수 : 骨

髓 髓

총 23획 `丨冂曰曰冎冎骨骨骨骨骨骨骨骨骨骨骨骨骨骨骨髓髓`

멋지게 쓰기

痛 入 骨 髓

> **멋지게 말하기**

창원이는 사기꾼들에게 크게 당해, **통입골수**하였다.

好勝之心

호승지심

남과 겨루어 이기기를 좋아하는 마음.

좋아할 호 부수 : 女

好 好

총 6획 `く夕女女'奵好`

이길 승 부수 : 力

勝 勝

총 12획 `丿月月月月'月'肝肤胖胖勝勝`

갈 지 부수 : 丿

之 之

총 4획 `丶一子之`

마음 심 부수 : 心

心 心

총 4획 `丿心心心`

멋지게 쓰기

好 勝 之 心

> **멋지게 말하기**

현철이는 **호승지심**이 강하여, 조직 내에서 동기들을
제치고 제법 큰 성과를 이루었다.

호심호보

好心好報

좋은 마음에 좋은 보답이라는 뜻으로, 착한 마음을
쓰면 좋은 갚음을 받는다는 의미.

좋아할 호   부수 : 女

好	好			

총 6획 　ㄴ 女 女 女 奷 好

마음 심   부수 : 心

心	心			

총 4획 　ノ 心 心 心

좋아할 호   부수 : 女

好	好			

총 6획 　ㄴ 女 女 女 奷 好

갚을 보   부수 : 土

報	報			

총 12획 　一 十 土 キ キ 吉 幸 幸 報 報 報

멋지게 쓰기

好	心	好	報

> **호심호보**라고, 상대방에게 먼저 호의를 베풀면,
> 최소한 피해볼 일은 없을 것이다.

회개지심

悔改之心

잘못을 뉘우치고 고치려는 마음을 뜻하는 말.

뉘우칠 회   부수 : 忄

悔	悔			

총 10획 　丶 丶 忄 忄 忙 忙 悔 悔 悔 悔

고칠 개   부수 : 攵

改	改			

총 7획 　フ フ 己 记 改 改 改

갈 지   부수 : 丿

之	之			

총 4획 　丶 一 ラ 之

마음 심   부수 : 心

心	心			

총 4획 　ノ 心 心 心

멋지게 쓰기

悔	改	之	心

> **멋지게 말하기**
>
> 사람이 완벽하진 않더라도, **회개지심**이 있다면,
> 최소한 인간의 도리는 할 수 있다.

각루심골 : 마음속 깊이 새겨 잊지 않음을
이르는 말.

명심불망 : 마음에 깊이 새겨 오랫동안 잊지
않음을 뜻하는 말.

각자위심 : 제각기 마음을 달리 먹음. 또는
그런 마음.

상사일념 : 서로 그리워하는 한결같은 생각
또는 마음.

감개무량 : 마음속에서 느끼는 감동이나
느낌이 끝이 없음.

수오지심 : 의롭지 못함을 부끄러워하고
착하지 못함을 미워하는 마음.

견마지심 : 개나 말이 주인을 위하는
마음이라는 뜻.

심중유심 : 마음속에 마음이 있다는 뜻으로,
마음으로써 마음을 견제한다는 의미.

동심동력 : 마음을 같이하여 힘을 합친다는 뜻.

아심여칭 : 내 마음이 저울과 같다는 뜻으로,
공평한 마음과 자세를 갖고 있음을 이르는 말.

안분지족 : 편한 마음으로 자기 분수를 지키며 만족할 줄 앎.

안심결정 : 확실한 안심을 얻어서 마음이 흔들리지 않는 경지에 이름.

안여태산 : 태산같이 마음이 편안하다는 의미로, 믿음직스럽고 듬직함을 이르는 말.

언감생심 : 어찌 감히 그런 마음을 품을 수 있겠냐는 뜻으로, 전혀 그런 마음이 없었음을 이르는 말.

유의막수 : 마음은 간절하여도 뜻대로 되지 않음을 뜻하는 말.

이심전심 : 마음과 마음으로 서로 뜻이 통함을 이르는 말.

인지상정 : 사람이면 누구나 가질 수 있는 보통의 마음이나 감정을 뜻하는 말.

일심동체 : 한마음 한몸이라는 뜻으로, 서로 굳게 결합함을 이르는 말.

일편단심 : 한 조각의 붉은 마음이라는 뜻으로, 오직 한 가지의 변함없는 마음을 이르는 말.

자격지심 : 자기가 한 일에 대하여 스스로 미흡하게 여기는 마음을 뜻하는 말.

자괴지심 : 자기의 행동이나 생각 따위에 대해 스스로 부끄럽게 여기는 마음.

작심삼일 : 단단히 먹은 마음이 사흘을 가지 못한다는 뜻, 결심이 굳지 못함을 이르는 말.

적자지심 : 죄악에 물들지 아니하고 순수하며 거짓이 없는 마음을 뜻하는 말.

전심전력 : 마음과 힘을 한곳에 온통 쏟는다는 뜻.

전심치지 : 오직 한마음을 가지고 한길로만 나아감.

절검지심 : 절약하고 검소하게 생활하는 마음을 뜻하는 말.

정심성의 : 마음을 바르게 하고 뜻을 정성스럽게 한다는 뜻.

좌불안석 : 마음이 불안하거나 걱정스러워 자리에 가만히 앉아 있지 못하고 안절부절못하는 모양을 이르는 말.

초심고려 : 마음을 졸여서 태우며 괴롭게 염려한다는 뜻.

측은지심 : 인간의 본성에서 우러나오는 마음씨로, 다른 사람의 불행을 불쌍히 여기는 마음을 뜻하는 말.

통입골수 : 억울하고 분한 마음이 골수에 깊이
사무친다는 뜻.

호심호보 : 좋은 마음에 좋은 보답이라는
뜻으로, 착한 마음을 쓰면 좋은 갚음을
받는다는 의미.

호승지심 : 남과 겨루어 이기기를 좋아하는
마음.

회개지심 : 잘못을 뉘우치고 고치려는 마음을
뜻하는 말.

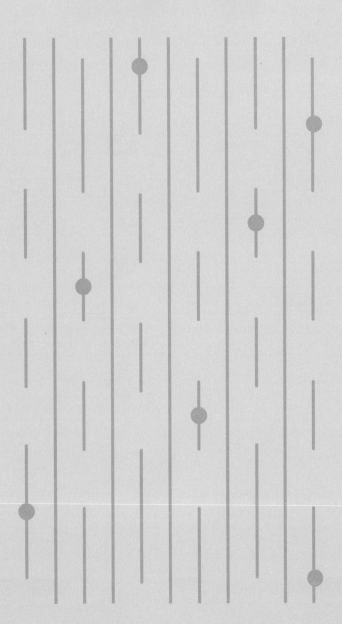

둘째 마당

인생은 미완성

인생·삶

각고면려

刻苦勉勵

온갖 고생을 견뎌 내며 부지런히 노력한다는 뜻.

새길 각 · 부수: 刂

刻 刻

총 8획 ` ﾉ ﾅ 亥 亥 亥 刻 刻

쓸 고 · 부수: 艹

苦 苦

총 9획 一 十 艹 艹 艹 艹 苦 苦 苦

힘쓸 면 · 부수: 力

勉 勉

총 9획 ﾉ ﾀ ﾀ ﾀ ﾀ 兔 兔 勉

힘쓸 려 · 부수: 力

勵 勵

총 17획 一 厂 厂 厂 厗 厔 厔 厯 厯 厯 厲 厲 厲 厲 勵

멋지게 쓰기

刻 苦 勉 勵

멋지게 말하기

오늘의 영광은 **각고면려**의 결과이다.

개과천선

改過遷善

지난날의 잘못을 뉘우치고 고쳐 착하게 살아간다는 뜻.

고칠 개 · 부수: 攵

改 改

총 7획 フ フ コ 已 巳 改 改

지날 과 · 부수: 辶

過 過

총 13획 丨 冂 冂 冂 冏 咼 咼 咼 咼 渦 渦 渦 過

옮길 천 · 부수: 辶

遷 遷

총 15획 一 一 一 爪 覀 覀 覀 栗 栗 栗 釁 釁 遷 遷 遷

착할 선 · 부수: 口

善 善

총 12획 ` ` ` 兰 羊 羊 羊 盖 盖 善 善 善

멋지게 쓰기

改 過 遷 善

멋지게 말하기

망나니였던 그가 지금은 봉사 활동을 하며
개과천선의 길을 걷고 있다.

32

苦盡甘來

쓴 것이 다하면 단 것이 온다는 뜻으로,
고생 끝에 즐거움이 옴을 이르는 말.

쓸 고   부수 : 艹

苦 苦

총 9획   一 十 十 廿 廿 芊 芊 苦 苦

다할 진   부수 : 皿

盡 盡

총 14획   ﹁ ﹃ ﹃ ﹋ 聿 聿 肃 肃 肃
肃 盡 盡 盡 盡

달 감   부수 : 甘

甘 甘

총 5획   一 十 廿 廿 甘

올 래   부수 : 人

來 來

총 8획   一 厂 厂 厼 厼 來 來 來

멋지게 쓰기

萬古不變

아무리 오랜 세월이 흘러도 변하지 않음을 뜻하는 말.

일만 만   부수 : 艹

萬 萬

총 13획   一 十 十 艹 艹 芦 苗 苗 莒 萬 萬 萬 萬

옛 고   부수 : 口

古 古

총 5획   一 十 十 古 古

아니 불   부수 : 一

不 不

총 4획   一 プ オ 不

변할 변   부수 : 言

變 變

총 23획   丶 亠 亖 亖 言 言 信 綰 綰 綰 綰
綰 綰 綰 綰 綰 綰 綰 綰 變 變 變

멋지게 쓰기

멋지게 말하기

나는 힘든 일이 닥칠 때마다 **고진강래**라는 말을
생각하며 어려움을 참아 냈다.

멋지게 말하기

새벽녘의 바다는 **만고불변**의 아름다움을 빛내며
출렁이고 있었다.

만고천추
萬古千秋

오래고 영원한 세월을 뜻하는 말.

일만 만　　　　　　　　　부수 : 艹

萬	萬			

총 13획　一 十 艹 艹 艹 苎 苩 苩 営 萬 萬 萬

예 고　　　　　　　　　부수 : 口

古	古			

총 5획　一 十 十 古 古

일천 천　　　　　　　　　부수 : 十

千	千			

총 3획　丿 二 千

가을 추　　　　　　　　　부수 : 禾

秋	秋			

총 9획　一 二 千 牙 禾 禾 利 秋 秋

멋지게 쓰기

萬	古	千	秋

멋지게 말하기

오늘날의 업적은 **만고천추**토록 역사에
기록되어 후대 사람들에게 회자될 것이다.

만고풍상
萬古風霜

오랜 세월이 지나는 동안 겪어 온
온갖 고난이나 고통을 뜻하는 말.

일만 만　　　　　　　　　부수 : 艹

萬	萬			

총 13획　一 十 艹 艹 艹 苎 苩 苩 営 萬 萬 萬

예 고　　　　　　　　　부수 : 口

古	古			

총 5획　一 十 十 古 古

바람 풍　　　　　　　　　부수 : 風

風	風			

총 9획　丿 几 凡 凡 凤 凤 風 風 風

서리 상　　　　　　　　　부수 : 雨

霜	霜			

총 17획　一 广 广 雨 雨 雨 雨 雨 雪 霜 霜
霜 霜 霜 霜 霜

멋지게 쓰기

萬	古	風	霜

멋지게 말하기

이 가구는 긴 세월의 **만고풍상**에서
우러나오는 고태의 멋이 있다.

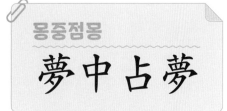

만수무강
萬壽無疆

아무런 탈 없이 아주 오래 삶.

몽중점몽
夢中占夢

꿈속에서 꿈을 점친다는 뜻으로,
사람의 인생이 덧없다는 의미.

일만 만   부수 : 艹

萬　萬

총 13획   一 十 十 艹 艹 芇 芇 芇 芎 莴 萬 萬 萬

꿈 몽   부수 : 夕

夢　夢

총 14획   一 十 十 艹 艹 艹 艹 昔 昔 莕 萝 夢 夢 夢

목숨 수   부수 : 士

壽　壽

총 14획   一 十 士 圭 圭 丰 圭 圭
壽 壽 壽 壽 壽 壽

가운데 중   부수 : 丨

中　中

총 5획   丨 丨 口 口 中

없을 무   부수 : 灬

無　無

총 12획   丿 ᅳ ᅳ 二 仁 仁 無 無 無 無 無 無

점칠 점   부수 : 卜

占　占

총 6획   丨 卜 占 占 占

지경 강   부수 : 田

疆　疆

총 19획   ᐟ ᐢ 弓 弓 弓 弖 弢 弢 弨 弨
弨 弨 弨 弨 弨 弨 疆

꿈 몽   부수 : 夕

夢　夢

총 14획   一 十 十 艹 艹 艹 艹 昔 昔 莕 萝 夢 夢 夢

멋지게 쓰기

萬　壽　無　疆

멋지게 쓰기

夢　中　占　夢

멋지게 말하기

할아버지의 생신을 맞아 가족들이 모여 **"만수무강을**
기원합니다"라며 축하의 인사를 전했다.

멋지게 말하기

인생이 허무할 때 **몽중점몽**이라는 사자성어를
떠올리게 된다.

몽환포영

夢幻泡影

꿈과 환상과 거품과 그림자라는 뜻으로,
인생의 헛되고 덧없음을 비유적으로 이르는 말.

무병장수

無病長壽

병 없이 건강하게 오래 삶.

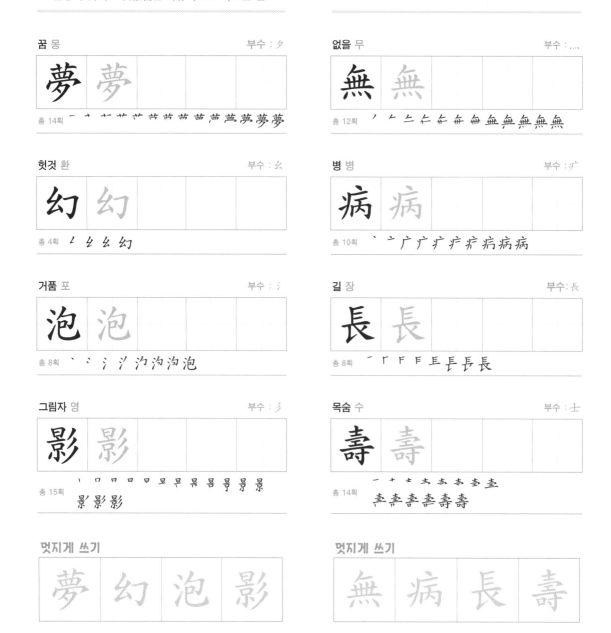

꿈 몽   부수 : 夕

夢 夢

총 14획 　一 十 十 芒 芒 芒 芦 芦 苗 苗 萝 夢 夢 夢

없을 무   부수 : 灬

無 無

총 12획 　丿 亇 亇 仁 無 無 無 無 無 無 無 無

헛것 환   부수 : 幺

幻 幻

총 4획 　乙 幺 幺 幻

병 병   부수 : 疒

病 病

총 10획 　丶 亠 广 广 疒 疒 疒 病 病 病

거품 포   부수 : 氵

泡 泡

총 8획 　丶 丶 氵 氵 沟 沟 泡 泡

길 장   부수 : 長

長 長

총 8획 　一 丆 下 F 手 토 長 長

그림자 영   부수 : 彡

影 影

총 15획 　丨 冂 冂 日 日 昰 昙 景 景 景
影 影 影

목숨 수   부수 : 士

壽 壽

총 14획 　一 十 士 圭 圭 丰 壴 壴
壹 壹 壽 壽 壽 壽

멋지게 쓰기

夢 幻 泡 影

멋지게 쓰기

無 病 長 壽

멋지게 말하기

평생 부귀영화를 누리고 살았던 그였지만, 그의
마지막 모습에선 **몽환포영**을 느낄 수 있었다.

멋지게 말하기

우리는 할아버지께서 **무병장수**하시기를 빌었다.

부생약몽

浮生若夢

인생은 꿈같이 덧없음을 뜻하는 말.

뜰 부   부수 : 氵

浮	浮			

총 10획   丶丶氵氵氵浮浮浮浮浮

날 생   부수 : 生

生	生			

총 5획   丿 丿 ㄏ 牛 生

같을 약   부수 : 艹

若	若			

총 9획   一 十 艹 艹 芊 芊 芋 若 若

꿈 몽   부수 : 夕

夢	夢			

총 14획   一 十 艹 艹 艹 莎 莎 荪 荪 夢 夢 夢 夢 夢

멋지게 쓰기

浮	心	若	夢

멋지게 말하기

인간의 인생이 **부생약몽**에 불과하다는 것을 깨달으면,
작은 이익과 시비거리에 초연해 지게 된다.

불로장생

不老長生

늙지 않고 오래 삶을 뜻하는 말.

아니 불   부수 : 一

不	不			

총 4획   一 フ 不 不

늙을 로   부수 : 老

老	老			

총 6획   一 十 土 耂 耂 老

길 장   부수 : 長

長	長			

총 8획   一 厂 F F 토 長 長 長

날 생   부수 : 生

生	生			

총 5획   丿 丿 ㄏ 牛 生

멋지게 쓰기

不	老	長	生

멋지게 말하기

사람이라면 누구나 **불로장생**하고 싶은
마음이 있을 거다.

死生榮辱

죽음과 삶과 영예와 치욕의 뜻으로
인생의 파란만장함을 이르는 말.

죽을 사　　　　부수 : 歹

死 死

총 6획　一　丁　万　歹　歼　死

날 생　　　　부수 : 生

生 生

총 5획　ノ　ト　ヒ　牛　生

영화 영　　　　부수 : 木

榮 榮

총 14획　丶　丶　ソ　ゾ　*　**　炒　炊　炊　**
**　**　榮　榮

욕될 욕　　　　부수 : 辰

辱 辱

총 10획　一　厂　厃　F　乕　乕　辰　辰　辱　辱

事必歸正

모든 일은 반드시 바른길로 돌아간다는 의미.

일 사　　　　부수 : 亅

事 事

총 8획　一　丁　行　盲　盲　写　写　事

반드시 필　　　　부수 : 心

必 必

총 5획　丶　心　心　必　必

돌아갈 귀　　　　부수 : 止

歸 歸

총 18획　丿　斤　斤　斤　自　自　皀　皀　皀
皀　皀　皀　皀　皀　皀　歸　歸　歸

바를 정　　　　부수 : 止

正 正

총 5획　一　丁　下　正　正

멋지게 쓰기

死　生　榮　辱

멋지게 쓰기

事　必　歸　正

멋지게 말하기

위대한 업적을 이룬 영웅일수록,
삶 자체가 **사생영욕**한 법이다.

멋지게 말하기

지금 당장은 억울하겠지만, 시간이 흐르면
결국 **사필귀정**이 될 것이다.

산전수전

山戰水戰

세상일의 어려운 고비를 다 겪어 본 것을
비유적으로 이르는 말.

메 산   부수 : 山

山 山

총 3획   ㅣ 山 山

싸움 전   부수: 戈

戰 戰

총 16획   ` ` ` ` ` ` ` ` ` ` ` `
單 戰 戰 戰

물 수   부수 : 水

水 水

총 4획   ㅣ 刂 水 水

싸움 전   부수 : 戈

戰 戰

총 16획   ` ` ` ` ` ` ` ` ` ` ` `
單 戰 戰 戰

멋지게 쓰기

山 戰 水 戰

멋지게 말하기

정 씨는 이 분야에서 20년 동안 **산전수전**
다 겪은 백전노장이다.

새옹지마

塞翁之馬

인생의 길흉화복은 변화가 많아 예측하기 어렵다는
것을 비유적으로 이르는 말.

변방 새   부수 : 土

塞 塞

총 13획   ` ` 宀 宀 宀 宀 宙 宙 実 実 寒 寒 塞

늙은이 옹   부수 : 羽

翁 翁

총 10획   ノ 八 公 公 今 今 翁 翁 翁 翁

갈 지   부수 : 丿

之 之

총 4획   ` 宀 之 之

말 마   부수 : 馬

馬 馬

총 10획   一 厂 厂 厂 馬 馬 馬 馬 馬

멋지게 쓰기

塞 翁 之 馬

멋지게 말하기

이번 일에 너무 낙담하지 마라! 인간사 **새옹지마**라는
말이 있다. 오히려 잘 된 일일지도 몰라!

生死苦樂

삶과 죽음, 괴로움과 즐거움을 아울러 이르는 말.

날 생   부수 : 生

生	生			

총 5획   ノ 宀 仁 牛 生

죽을 사   부수 : 歹

死	死			

총 6획   一 厂 歹 歹 死 死

쓸 고   부수 : 艹

苦	苦			

총 9획   一 十 卄 卝 芝 艼 苦 苦 苦

즐거울 락   부수 : 木

樂	樂			

총 15획   ノ 亻 冇 甪 甪 帕 帕 怕 纲 絊 絡
樂 樂 樂 樂

멋지게 쓰기

生	死	苦	樂

멋지게 말하기

생사고락을 같이할 수 있을 정도의 친구가 있다는
것은 더할 수 없는 축복이다.

雪泥鴻爪

눈 위에 난 기러기의 발자국이 눈이 녹으면 없어진다는
뜻으로, 인생의 자취가 흔적 없음을 비유적으로 이르는 말.

눈 설   부수 : 雨

雪	雪			

총 11획   一 厂 戶 币 币 雨 雫 雫 雪 雪 雪

진흙 니   부수 : 氵

泥	泥			

총 8획   丶 丶 氵 氵 沪 沪 沪 泥

큰기러기 홍   부수 : 鳥

鴻	鴻			

총 17획   丶 丶 氵 氵 氵 疒 汀 沖
沖 沖 鴻 鴻 鴻 鴻 鴻

손톱 조   부수 : 爪

爪	爪			

총 4획   ノ 厂 爪 爪

멋지게 쓰기

雪	泥	鴻	爪

멋지게 말하기

그렇게 대단했던 권력가가 이렇게 몰락해서
초라하게 살고 있다니, 부귀영화도 **설니홍조**구나!

악전고루

惡戰苦鬪

매우 어려운 조건 속에서 힘을 다하여
고생스럽게 싸우거나 애씀을 뜻하는 말.

악할 악　　　　　　　　　　부수 : 心

惡　惡

총 12획　一 ｢ ｢ 厂 严 严 亞 亞 亞 惡 惡 惡

싸움 전　　　　　　　　　　부수 : 戈

戰　戰

총 16획　丶 丶 ｝ 甲 甲 甲 單 單 單 單
單 戰 戰 戰

쓸 고　　　　　　　　　　부수 : 艸

苦　苦

총 9획　一 十 十 艹 艹 艹 芏 苦 苦

싸움 투　　　　　　　　　　부수 : 鬥

鬪　鬪

총 20획　｜ ｢ ｢ ｢ ｢ ｢ 苩 ｢ 鬥 鬥
鬥 鬥 鬥 鬥 鬥 鬥 鬪 鬪 鬪 鬪

멋지게 쓰기

惡　戰　苦　鬪

멋지게 말하기

그들은 오랜 기간 동안의 **악전고투** 끝에 거친
황무지를 개간하고 삶의 터전을 일굴 수가 있었다.

안심입명

安心立命

모든 의혹과 번뇌를 버려 마음이 안정되고,
모든 것을 하늘의 뜻에 맡기는 일.

편안할 안　　　　　　　　　부수 : 宀

安　安

총 6획　丶 丷 宀 宊 安 安

마음 심　　　　　　　　　　부수 : 心

心　心

총 4획　丶 丷 宀 宊 安 安

설 립　　　　　　　　　　부수 : 立

立　立

총 5획　丶 二 产 立 立

목숨 명　　　　　　　　　　부수 : 口

命　命

총 8획　ノ 人 스 스 合 合 命 命

멋지게 쓰기

安　心　立　命

멋지게 말하기

일단 활시위를 떠난 일은, 결과가 나올 때까지
안심입명하라!

역지사지
易地思之

남과 처지를 바꾸어 생각함을 뜻하는 말.

바꿀 역　　　　　　　　　　부수 : 日

易　易

총 8획　ㅣ 冂 日 日 月 旦 易 易

땅 지　　　　　　　　　　부수 : 土

地　地

총 6획　一 十 土 圵 地 地

생각할 사　　　　　　　　부수 : 心

思　思

총 9획　ㅣ 冂 冂 田 田 甲 思 思 思

갈 지　　　　　　　　　　부수 : ノ

之　之

총 4획　丶 亠 ラ 之

멋지게 쓰기

易 地 思 之

영고일취
榮枯一炊

인생이 꽃피고 시드는 것은 한번 밥짓는 순간같이
덧없고 부질없음을 이르는 말.

영화 영　　　　　　　　　　부수 : 木

榮　榮

총 14획　丶 丶 ⺌ ⺌ ⺌ 炏 炏 炏 炏
些 学 榮 榮

마를 고　　　　　　　　　부수 : 木

枯　枯

총 9획　一 十 才 木 木 朾 朾 枯 枯

한 일　　　　　　　　　　부수 : 一

一　一

총 1획　一

불땔 취　　　　　　　　　부수 : 火

炊　炊

총 8획　丶 丶 丷 火 炏 炏 炏 炊

멋지게 쓰기

榮 枯 一 炊

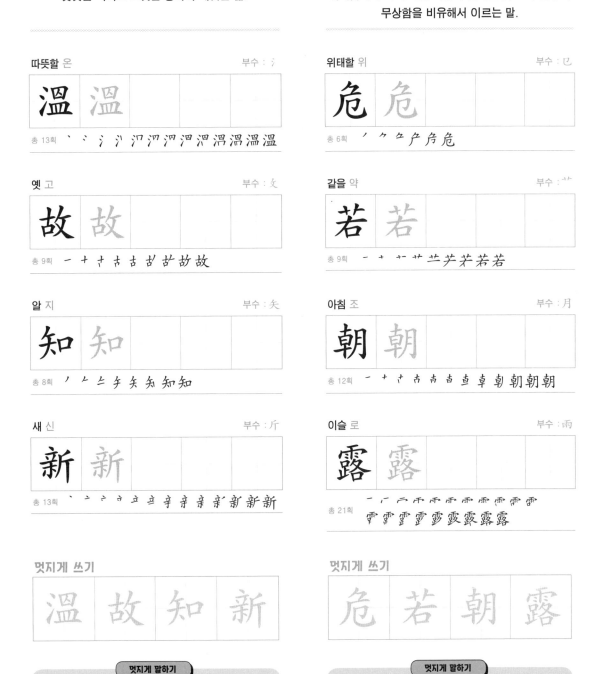

온고지신
溫故知新

옛것을 익히고 그것을 통하여 새것을 앎.

따뜻할 온   부수 : 氵

溫 | 溫

총 13획   丶丶氵氵沪沪沪沪涅涅溫溫溫

옛 고   부수 : 攵

故 | 故

총 9획   一十十古古古故故故

알 지   부수 : 矢

知 | 知

총 8획   丿ㅗ노矢矢知知

새 신   부수 : 斤

新 | 新

총 13획   丶立立亲亲新新新

멋지게 쓰기

溫 | 故 | 知 | 新

멋지게 말하기
민족의 전통은 **온고지신**의 정신에 바탕하여
창조적으로 계승되어야 한다.

위약조로
危若朝露

위태롭기가 마치 아침 이슬과 같다는 뜻으로, 인생의
무상함을 비유해서 이르는 말.

위태할 위   부수 : 巳

危 | 危

총 6획   丿ㅅ匂产产危

같을 약   부수 : 艹

若 | 若

총 9획   一十艹艹艹芊芊若若

아침 조   부수 : 月

朝 | 朝

총 12획   一十十古古直卓朝朝朝朝

이슬 로   부수 : 雨

露 | 露

총 21획   一厂戶币雨雨雨雨雨露
露露露霞霞霞霞露露露

멋지게 쓰기

危 | 若 | 朝 | 露

멋지게 말하기
우리 회사는 지금 극심한 경영난으로
위약조로의 상황에 있다.

유비무환

有備無患

미리 준비해 두면 걱정할 것이 없음을 뜻하는 말.

있을 유   부수 : 月

有　有

총 6획　一ナ才冇有有

갖출 비   부수 : 亻

備　備

총 12획　ノイ亻亻亻伂伂俌俌備備

없을 무   부수 : 灬

無　無

총 12획　ノ 仁 仁 午 缶 血 無 無 無 無 無

근심 환   부수 : 心

患　患

총 11획　丶 口 口 吕 吕 串 串 患 患 患

유유자적

悠悠自適

속세를 떠나 아무것에도 매이지 않고 자유롭고
편안하게 살아간다는 뜻.

멀 유   부수 : 心

悠　悠

총 11획　ノイ 亻 亻 仲 攸 攸 攸 悠 悠 悠

멀 유   부수 : 心

悠　悠

총 11획　ノイ 亻 亻 仲 攸 攸 攸 悠 悠 悠

스스로 자   부수 : 自

自　自

총 6획　丿 仃 白 白 自 自

맞을 적   부수 : 辶

適　適

총 15획　丶 亠 六 六 产 产 商 商 商 商 商 滴 滴 滴 適

멋지게 쓰기

有 備 無 患

멋지게 쓰기

悠 悠 自 適

멋지게 말하기

만사가 다 **유비무환**이니 만약을 위해서 돈을 다
쓰지 말고 좀 남겨 두게.

멋지게 말하기

부자가 되는 것은 바라지도 않아! 그저 궁핍함 없이
유유자적하며 살고 싶다!

人間苦海

인간 세상이 고뇌의 바다라는 뜻으로, 한없이 괴롭고
힘든 인생살이를 비유적으로 이르는 말.

사람 인   부수 : 人

人 人

총 2획 ノ人

사이 간   부수 : 門

間 間

총 12획 丨 冂 冂 冃 冃 門 門 門 門 問 間 間

쓸 고   부수 : 艹

苦 苦

총 9획 一 十 廾 艹 艹 芢 芢 苦 苦

바다 해   부수 : 氵

海 海

총 10획 丶 丶 氵 汇 汇 海 海 海 海

멋지게 쓰기

人 間 苦 海

멋지게 말하기

가난한 사람이든 부유한 사람이든, 각자 위치에서
고통을 겪기 때문에 결국 **인간고해**다.

人死留名

사람은 죽어서 이름을 남긴다는 뜻으로, 사람의 삶이
헛되지 않으면 그 이름은 후세에 길이 남게 됨을 이름.

사람 인   부수 : 人

人 人

총 2획 ノ人

죽을 사   부수 : 歹

死 死

총 6획 一 丆 歹 歹 死 死

머무를 류(유)   부수 : 田

留 留

총 10획 丶 丶 丨 丣 丣 卯 留 留 留 留

이름 명   부수 : 口

名 名

총 6획 ノ ク タ タ 名 名

멋지게 쓰기

人 死 留 名

멋지게 말하기

가난하고 인정받지 못하는 예술가들에게는
인사유명이라는 사자성어가 삶을 지탱하는 힘이 된다.

인생무상

人生無常

사람의 일생이 덧없이 흘러감을 두고 이르는 말.

사람 인　　　　　　부수 : 人

人	人		

총 2획　ノ 人

날 생　　　　　　부수 : 生

生	生		

총 5획　ノ レ ヒ 牛 生

없을 무　　　　　　부수 : ⺣

無	無		

총 12획　ノ ト ニ 뜨 뜨 無 無 無 無 無 無

항상 상　　　　　　부수 : 巾

常	常		

총 11획　丶 丷 丷 ㅄ 쑤 쑤 常 常 常 常 常

멋지게 쓰기

人	生	無	常

멋지게 말하기

건강하던 사람이 저렇게 몸져 누운 것을 보니
정말 **인생무상**이군.

一炊之夢

인생과 영화의 덧없음을 비유적으로 이르는 말.

한 일　　　　　　부수 : 一

一	一		

총 1획　一

불땔 취　　　　　　부수 : 火

炊	炊		

총 8획　丶 丷 ⺣ 火 炒 炒 炊 炊

갈 지　　　　　　부수 : ノ

之	之		

총 4획　丶 亠 ㇇ 之

꿈 몽　　　　　　부수 : 夕

夢	夢		

총 14획　一 艹 艹 荖 荖 荖 荖 荖 荖 荖 菨 夢 夢 夢

멋지게 쓰기

一	炊	之	夢

멋지게 말하기

성공했다고 해서 너무 거만해져서는 안 된다.
지나고 보면 **일취지몽**이다.

자력갱생
自力更生

제 스스로의 힘으로 어려운 처지에서 벗어나
다시 새로운 삶을 살아감.

스스로 자   부수 : 自

自	自		

총 6획   ＇ ｒ ｆ 自 自 自

힘 력   부수 : 力

力	力		

총 2획   フ 力

다시 갱   부수 : 曰

更	更		

총 7획   ｒ ｒ ｒ 曰 百 更 更

날 생   부수 : 生

生	生		

총 5획   ノ ｒ ｒ 生 生

전전표박
轉轉漂泊

여기저기로 돌아다니거나 옮겨 다니면서
사는 삶을 뜻하는 말.

구를 전   부수 : 車

轉	轉		

총 18획   ｒ ｒ ｒ 日 自 車 軒 軒 軒
軒 軒 轉 轉 轉 轉 轉 轉

구를 전   부수 : 車

轉	轉		

총 18획   ｒ ｒ ｒ 日 自 車 軒 軒 軒
軒 軒 轉 轉 轉 轉 轉 轉

떠돌 표   부수 : 氵

漂	漂		

총 14획   丶 丶 氵 氵 汇 汇 洒 洒
洒 洒 漂 漂 漂

배댈 박   부수 : 氵

泊	泊		

총 8획   丶 丶 氵 氵 氵 泊 泊 泊

멋지게 쓰기

自	力	更	生

멋지게 쓰기

轉	轉	漂	泊

멋지게 말하기

사업에 실패한 그는 **자력갱생**의 정신으로
재기에 노력하고 있다.

멋지게 말하기

1년 만에 근무지가 5번이나 바뀌다니, 그동안
전전표박하면서 살았겠구나!

轉禍爲福

재앙이 바뀌어 오히려 복이 된다는 뜻으로, 좋지 않은 일이 계기가 되어 오히려 좋은 일이 생김을 이르는 말.

구를 전　　　　　　　　　　부수 : 車

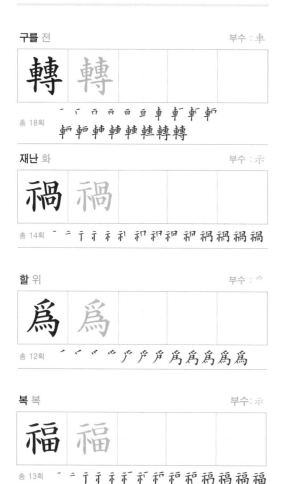

총 18획　　ノ ㄣ ㄇ ㅂ ㅂ 車 車 車 軒
軒 軒 転 転 転 轉 轉 轉

재난 화　　　　　　　　　　부수 : 示

총 14획　ノ 二 亍 亓 利 利 和 祁 祁 禍 禍 禍 禍 禍

할 위　　　　　　　　　　부수 : 灬

총 12획　ノ ノ ノ 戶 戶 戶 戶 爲 爲 爲 爲 爲

복 복　　　　　　　　　　부수 : 示

총 13획　ノ 二 亍 亓 祁 利 和 祁 福 福 福 福 福

멋지게 쓰기

멋지게 말하기

그때 학교를 그만둔 게 요즘에는 **전화위복**이 되고 있어요. 계속 학교를 다녔다면, 아마 평범한 회사원이 되었겠죠!

千辛萬苦

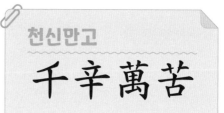

천 가지 매운 것과 만 가지 쓴 것이라는 뜻으로, 온갖 어려운 고비를 다 겪으며 심하게 고생함을 이르는 말.

일천 천　　　　　　　　　　부수 : 十

총 3획　ノ 二 千

매울 신　　　　　　　　　　부수 : 辛

총 7획　丶 亠 ㅜ 立 立 卒 辛

일만 만　　　　　　　　　　부수 : 艹

총 13획　一 十 卝 艹 艹 芦 苩 苩 莒 萬 萬 萬 萬

쓸 고　　　　　　　　　　부수 : 艹

총 9획　一 十 卝 艹 艹 苦 苦 苦 苦

멋지게 쓰기

멋지게 말하기

그는 **천신만고** 끝에 성공한 사업가가 될 수 있었다.

48

草露人生

잎에 맺힌 이슬과 같이 덧없는 인생을
비유적으로 이르는 말.

他山之石

남의 산에 있는 돌이라도
나의 옥을 다듬는 데에 소용이 된다는 뜻.

풀 초 부수 : 艹

草 草

총 10획 一 十 艹 艹 艹 苫 苫 苩 苩 草

이슬 로 부수 : 雨

露 露

총 21획 一 厂 戶 戶 雨 雨 雨 雨 雨 雨 雨
雨 雫 雫 雫 雫 霚 霚 霥 露 露

사람 인 부수 : 人

人 人

총 2획 丿 人

날 생 부수 : 生

生 生

총 5획 丿 仁 仁 牛 生

다를 타 부수 : 亻

他 他

총 5획 丿 亻 仂 仂 他

메 산 부수 : 山

山 山

총 3획 丨 山 山

갈 지 부수 : 丿

之 之

총 4획 丶 亠 ㇏ 之

돌 석 부수 : 石

石 石

총 5획 一 丆 不 石 石

멋지게 쓰기

草 露 人 生

멋지게 쓰기

他 山 之 石

> **멋지게 말하기**
>
> 사람들은 세월이 화살같이 지나간다고 하였고
> 인생을 **초로**와 같은 것이라 했다.

> **멋지게 말하기**
>
> 선희는 지혜의 행동을 **타산지석** 삼아 자신은 절대
> 그러지 않겠다고 결심하였다.

토주오비
兔走烏飛

토끼가 달리고 까마귀가 난다는 뜻으로,
세월의 빠름을 이르는 말.

토끼 토
부수 : 儿

兔　兔

총 8획　ノ ク ク ゚ 色 色 免 兔 兔

달릴 주
부수 : 走

走　走

총 7획　一 + 土 キ キ キ 走 走

까마귀 오
부수 : 灬

烏　烏

총 10획　ノ ′ ゚ ゚ ゚ ゚ 烏 烏 烏 烏 烏

날 비
부수 : 飛

飛　飛

총 9획　乀 乁 飞 飞 飞 飛 飛 飛 飛

파란만장
波瀾萬丈

사람의 생활이나 일의 진행이 여러 가지 곡절과
시련이 많고 변화가 심함을 뜻하는 말.

물결 파
부수 : 氵

波　波

총 8획　丶 丶 氵 氵 沪 沪 波 波

물결 란
부수 : 氵

瀾　瀾

총 20획　丶 丶 氵 氵 沪 沪 沪 沪 門 門 澗
澗 澗 澗 澗 瀾 瀾 瀾 瀾 瀾

일만 만
부수 : 艹

萬　萬

총 13획　一 + + + 芦 芦 芦 芦 莒 莒 萬 萬 萬

어른 장
부수 : 一

丈　丈

총 3획　一 ナ 丈

멋지게 쓰기

兔　走　烏　飛

멋지게 쓰기

波　瀾　萬　丈

> **멋지게 말하기**
> 벌써 한 해가 지나가니 **토주오비**와 같이 나의
> 인생 또한 빠르게 지나가니 허무하기만 하다.

> **멋지게 말하기**
> 그녀는 **파란만장**했던 자신의 인생을 회고하면서
> 참회록을 쓰고 있다.

한단지몽

邯鄲之夢

인생과 영화의 덧없음을 비유적으로 이르는 말.

땅 이름 한　부수: 阝

邯　邯

총 8획　一 十 廿 甘 甘 甘 邯' 邯3 邯

조나라 서울 단　부수: 阝

鄲　鄲

총 15획　丶 丶 冖 冖 丏 丏 丏 罒 甼 單 單' 鄲3 鄲

갈 지　부수: 丿

之　之

총 4획　丶 一 亠 之

꿈 몽　부수: 夕

夢　夢

총 14획　一 艹 艹 苎 苎 荳 茜 茜 莔 夢 夢 夢 夢

邯 鄲 之 夢

사람의 인생은 **한단지몽**이라,
부귀영화도 시간이 흐르면 덧없게 된다.

허송세월

虛送歲月

하는 일 없이 세월을 헛되이 보냄을 뜻하는 말.

빌 허　부수: 虍

虛　虛

총 12획　丶 丨 卜 广 庐 虍 虍 虗 席 席 虛 虛

보낼 송　부수: 辶

送　送

총 10획　丶 丷 兰 半 关 关 送 送

해 세　부수: 止

歲　歲

총 13획　一 上 止 止 止 产 岸 岸 岁 岁 歲 歲 歲

달 월　부수: 月

月　月

총 4획　丿 刀 月 月

虛 送 歲 月

취업도 못하고 도서관에서 서책들과 **허송세월**을
보내고 있다니, 나의 처지가 한탄스럽다.

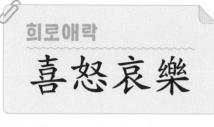

호사다마 好事多魔

좋은 일에는 흔히 시샘하는 듯이 안 좋은 일들이 많이 따름을 뜻하는 말.

좋아할 호 부수 : 女

好	好			

총 6획 ㄑ 㚢 女 奵 好 好

일 사 부수 : 亅

事	事			

총 8획 一 ㄧ 亓 戸 亊 亊 事 事

많을 다 부수 : 夕

多	多			

총 6획 ノ ク 夕 夕 多 多

마귀 마 부수: 鬼

魔	魔			

총 21획 丶 亠 广 广 庐 庐 庐 庐 麻 麻 麻 麻 麻 磨 磨 磨 磨 磨 魔 魔 魔

멋지게 쓰기

好	事	多	魔

멋지게 말하기

호사다마라더니 멀쩡하던 양반이 자식 장가보내는 날에 갑자기 몸져누울 일이 뭐야 그래.

희로애락 喜怒哀樂

사람이 살아가면서 느끼는 네 가지 감정. 곧 기쁨과 노여움과 슬픔과 즐거움을 아울러 이르는 말이다.

기쁠 희 부수 : 口

喜	喜			

총 12획 一 十 士 吉 吉 吉 吉 吉 直 喜 喜 喜

성낼 노(로) 부수 : 心

怒	怒			

총 9획 ㄑ 㚢 女 奴 奴 奴 怒 怒 怒

슬플 애 부수: 口

哀	哀			

총 9획 丶 亠 亣 亩 亩 声 哀 哀 哀

즐거울 락(낙) 부수 : 木

樂	樂			

총 15획 ′ 亻 白 白 白 伯 绐 绐 䌛 䌛 䌛 䌛 樂 樂 樂

멋지게 쓰기

喜	怒	哀	樂

멋지게 말하기

싫든 좋든 그들은 한 지붕 아래 살기 때문에 **희로애락**을 함께해야 한다.

각고면려 : 온갖 고생을 견뎌 내며 부지런히
노력한다는 뜻.

만고풍상 : 오랜 세월이 지나는 동안 겪어 온
온갖 고난이나 고통을 뜻하는 말.

개과천선 : 지난날의 잘못을 뉘우치고 고쳐
착하게 살아간다는 뜻.

만수무강 : 아무런 탈 없이 아주 오래 삶.

고진감래 : 쓴 것이 다하면 단 것이 온다는
뜻으로, 고생 끝에 즐거움이 옴을 이르는 말.

몽중점몽 : 꿈속에서 꿈을 점친다는 뜻으로,
사람의 인생이 덧없다는 의미.

만고불변 : 아무리 오랜 세월이 흘러도 변하지
않음을 뜻하는 말.

몽환포영 : 꿈과 환상과 거품과 그림자라는
뜻으로, 인생의 헛되고 덧없음을 비유적으로
이르는 말

만고천추 : 오래고 영원한 세월을 뜻하는 말.

무병장수 : 병 없이 건강하게 오래 삶.

부생약몽 : 인생은 꿈같이 덧없음을 뜻하는
말.

불로장생 : 늙지 않고 오래 삶을 뜻하는 말.

사생영욕 : 죽음과 삶과 영예와 치욕의 뜻으로
인생의 파란만장함을 이르는 말.

사필귀정 : 모든 일은 반드시 바른길로
돌아간다는 의미.

산전수전 : 세상일의 어려운 고비를 다 겪어
본 것을 비유적으로 이르는 말.

새옹지마 : 인생의 길흉화복은 변화가 많아
예측하기 어렵다는 것을 비유적으로 이르는 말.

생사고락 : 삶과 죽음, 괴로움과 즐거움을
아울러 이르는 말.

설니홍조 : 눈 위에 난 기러기의 발자국이
눈이 녹으면 없어진다는 뜻으로, 인생의 자취가
흔적 없음을 비유적으로 이르는 말.

악전고투 : 매우 어려운 조건 속에서 힘을
다하여 고생스럽게 싸우거나 애씀을 뜻하는 말.

안심입명 : 모든 의혹과 번뇌를 버려 마음이
안정되고, 모든 것을 하늘의 뜻에 맡기는 일.

역지사지 : 남과 처지를 바꾸어 생각함을
뜻하는 말.

유유자적 : 속세를 떠나 아무것에도 매이지
않고 자유로우며 편안하게 삶을 살아간다는 뜻.

영고일취 : 인생이 꽃피고 시드는 것은 한번
밥짓는 순간같이 덧없고 부질없음을 이르는 말.

인간고해 : 인간 세상이 고뇌의 바다라는
뜻으로, 한없이 괴롭고 힘든 인생살이를
비유적으로 이르는 말.

온고지신 : 옛것을 익히고 그것을 통하여
새것을 앎.

인사유명 : 사람은 죽어서 이름을 남긴다는
뜻으로, 사람의 삶이 헛되지 않으면 그 이름은
후세에 길이 남게 됨을 이름.

위약조로 : 위태롭기가 마치 아침 이슬과
같다는 뜻으로, 인생의 무상함을 비유해서
이르는 말.

인생무상 : 사람의 일생이 덧없이 흘러감을
두고 이르는 말.

유비무환 : 미리 준비해 두면 걱정할 것이
없음을 뜻하는 말.

일취지몽 : 인생과 영화의 덧없음을
비유적으로 이르는 말.

자력갱생 : 제 스스로의 힘으로 어려운 처지에서 벗어나 다시 새로운 삶을 살아감.

타산지석 : 남의 산에 있는 돌이라도 나의 옥을 다듬는 데에 소용이 된다는 뜻.

전전표박 : 여기저기로 돌아다니거나 옮겨 다니면서 사는 삶을 뜻하는 말.

토주오비 : 토끼가 달리고 까마귀가 난다는 뜻으로, 세월의 빠름을 이르는 말.

전화위복 : 재앙이 바뀌어 오히려 복이 된다는 뜻으로, 좋지 않은 일이 계기가 되어 오히려 좋은 일이 생김을 이르는 말.

파란만장 : 사람의 생활이나 일의 진행이 여러 가지 곡절과 시련이 많고 변화가 심함을 뜻하는 말.

천신만고 : 천 가지 매운 것과 만 가지 쓴 것이라는 뜻으로, 온갖 어려운 고비를 다 겪으며 심하게 고생함을 이르는 말.

한단지몽 : 인생과 영화의 덧없음을 비유적으로 이르는 말.

초로인생 : 잎에 맺힌 이슬과 같이 덧없는 인생을 비유적으로 이르는 말.

허송세월 : 하는 일 없이 세월을 헛되이 보냄을 뜻하는 말.

호사다마 : 좋은 일에는 흔히 시샘하는 듯이 안 좋은 일들이 많이 따름을 뜻하는 말.

☐ ☐ ☐ ☐

희로애락 : 사람이 살아가면서 느끼는 네 가지 감정. 곧 기쁨과 노여움과 슬픔과 즐거움을 아울러 이르는 말이다.

☐ ☐ ☐ ☐

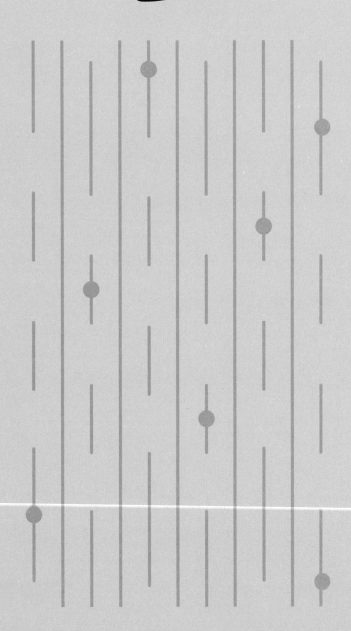

셋째 마당

너 때문에 더 많이 웃는다

친구

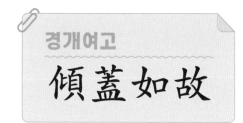

간담상조
肝膽相照

간과 쓸개를 서로 보인다는 뜻으로, 서로 마음을
터놓고 사귀는 것을 이르는 말.

간 간　　　　　　　　　　부수: 月

肝　肝

총 7획　丿 刀 刀 月 肝 肝 肝

쓸개 담　　　　　　　　　부수: 月

膽　膽

총 17획　丿 刀 刀 月 月 丹 胪 胪 胪 胪
胪 胪 膽 膽 膽 膽 膽

서로 상　　　　　　　　　부수: 目

相　相

총 9획　一 十 才 木 杓 相 相 相 相

비출 조　　　　　　　　　부수: 灬

照　照

총 13획　丨 刀 刀 日 昭 昭 昭 照 照 照 照 照 照

멋지게 쓰기

肝　膽　相　照

경개여고
傾蓋如故

처음 만나 잠깐 사귀었음에도 마치 오래 사귄 것처럼
친함을 뜻하는 말.

기울 경　　　　　　　　　부수: 亻

傾　傾

총 13획　丿 亻 亻 作 作 师 师 倾 倾 倾 倾 傾 傾

덮을 개　　　　　　　　　부수: 艹

蓋　蓋

총 14획　一 十 寸 艹 艹 艹 苹 苹 莘 莘 莘 蒸 蓋 蓋

같을 여　　　　　　　　　부수: 女

如　如

총 6획　乙 女 女 如 如 如

연고 고　　　　　　　　　부수: 攵

故　故

총 9획　一 十 寸 古 古 古 扩 故 故

멋지게 쓰기

傾　蓋　如　故

관포지교
管鮑之交

아주 친한 친구 사이의 사귐을 뜻하는 말.

대롱 관   부수 : 竹

管 | 管 | | |

총 14획   ノ ケ ケ ゲ ゲ ゲ ゲ ゲ 竹 竹 竹 竹 竹 竹 竹 竹 竹 竹 竹
节节节管管

절인 어물 포   부수 : 魚

鮑 | 鮑 | | |

총 16획   ノ ク ク 各 各 各 备 魚 魚 魚 魚 魚 魚
� 魚 魚 魚 鮑 鮑

갈 지   부수 : ノ

之 | 之 | | |

총 4획   ` 一 ヲ 之

사귈 교   부수 : 亠

交 | 交 | | |

총 6획   ` 一 ナ 六 亥 交

멋지게 쓰기

管 | 鮑 | 之 | 交

멋지게 말하기

꼭 **관포지교**나 문경지교 만큼은 안 되더라도 그는 나에게 있어서 마음을 비춰 볼 수 있는 거의 유일한 친구이다.

교칠지교
膠漆之交

서로 떨어질 수 없을 정도로 친밀한 교분을 비유적으로 이르는 말.

아교 교   부수 : 月

膠 | 膠 | | |

총 15획   ノ 刀 月 月 月 肜 肜 肜 肜 肜 肜 肜
膠 膠 膠

옻 칠   부수 : 氵

漆 | 漆 | | |

총 14획   ` ` 氵 氵 汁 汁 沐 沐 沐
漆 漆 漆 漆 漆

갈 지   부수 : ノ

之 | 之 | | |

총 4획   ` 一 ヲ 之

사귈 교   부수 : 亠

交 | 交 | | |

총 6획   ` 一 ナ 六 亥 交

멋지게 쓰기

膠 | 漆 | 之 | 交

멋지게 말하기

두 사람이 서로 말을 터놓고 지내는 것으로 보아 **교칠지교**인 듯싶었다.

금란지계
金蘭之契

쇠처럼 단단하고 난초의 향기처럼 그윽한 사귐.
친구 사이의 매우 두터운 정을 뜻하는 말.

쇠 금 　　　　　　　　　　　부수 : 金

金　金

총 8획　丿人亼亽全余余金

난초 란 　　　　　　　　　　부수 : 艹

蘭　蘭

총 21획　一丨丨丬丬丬丬丬門門門門
門門門蘭蘭蘭蘭蘭

갈 지 　　　　　　　　　　　부수 : 丿

之　之

총 4획　丶一ラ之

맺을 계 　　　　　　　　　　부수 : 大

契　契

총 9획　一三三丰刧刧契契契

낙월옥량
落月屋梁

밤에 벗의 꿈을 꾸고 깨 보니 지는 달이 지붕을 비추고
있다는 뜻에서, 벗을 생각하는 마음이 간절함을 이르는 말.

떨어질 락 　　　　　　　　　부수 : 艹

落　落

총 13획　一十艹艹艹艹莎莎茨落落落

달 월 　　　　　　　　　　　부수 : 月

月　月

총 4획　丿月月月

집 옥 　　　　　　　　　　　부수 : 尸

屋　屋

총 9획　フコ尸尸尸居居屋屋

들보 량 　　　　　　　　　　부수 : 木

梁　梁

총 11획　丶丶氵汀氿氿汯泒梁梁梁

멋지게 쓰기

金　蘭　之　契

멋지게 쓰기

落　月　屋　梁

멋지게 말하기

병철이와 상우는 서로의 비밀을 스스럼없이 공유할
만큼, 사이가 **금란지계**다.

멋지게 말하기

친구를 위하는 마음이 **낙월옥량**이다.

斷金之交

쇠붙이를 끊을 수 있을 만큼 단단한 교분이라는
뜻으로, 친구 사이의 매우 두터운 우정을 이르는 말.

끊을 단   부수 : 斤

斷 斷

총 18획   `丶 丶 纟 纟纟 纟纟 纟纟 丝 纟纟 纟纟 纟纟 蜂 蜂 斟`
`雝 斷 斷 斷 斷`

쇠 금   부수 : 金

金 金

총 8획   `ノ 人 𠆢 今 全 全 余 金`

갈 지   부수 : ノ

之 之

총 4획   `丶 ㇒ 之 之`

사귈 교   부수 : 亠

交 交

총 6획   `丶 一 亠 六 夳 交`

멋지게 쓰기

斷 金 之 交

멋지게 말하기

단금지교할 수 있는 친구가 딱 세 명만 있어도,
절대 외롭지 않다.

同行親舊

길을 함께 가는 벗. 또는 같은 길을 가는 사람.

한가지 동   부수 : 口

同 同

총 6획   `丨 冂 冂 同 同 同`

갈 행   부수 : 行

行 行

총 6획   `ノ ㇒ 彳 彳 行 行`

친할 친   부수 : 見

親 親

총 16획   `丶 ㇇ 亠 立 立 辛 辛 亲 亲 新`
`新 朝 親 親 親 親`

옛 구   부수 : 臼

舊 舊

총 18획   `丨 丬 艹 芢 芢 莅 莅 蒦 蒦 崔 崔`
`崔 舊 舊 舊 舊`

멋지게 쓰기

同 行 親 舊

멋지게 말하기

형철이와 나는 학문에 있어 **동행친구**다.

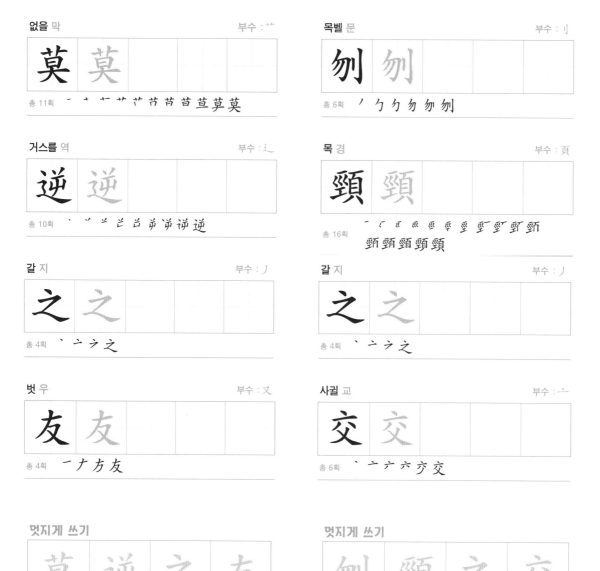

莫逆之友
막역지우

거스름이 없는 벗이라는 뜻으로, 허물이 없이 매우
가까운 친구를 이르는 말.

없을 막 부수 : 艹

莫 莫

총 11획 一 十 十 十 节 节 首 草 草 莫

거스를 역 부수 : 辶

逆 逆

총 10획 ` ` ` ` ` ` ` 逆 逆 逆

갈 지 부수 : 丿

之 之

총 4획 ` 一 ラ 之

벗 우 부수 : 又

友 友

총 4획 一 ナ 方 友

멋지게 쓰기

莫 逆 之 友

멋지게 말하기

그와는 어려서는 싸움도 많이 하였지만, 뜻이 맞는
유일한 **막역지우**였다.

刎頸之交
문경지교

서로 죽음을 대신할 수 있을 만큼
막역한 사이를 뜻하는 말.

목벨 문 부수 : 刂

刎 刎

총 6획 丿 勹 勹 勿 勿 刎

목 경 부수 : 頁

頸 頸

총 16획 一 て て ェ ェ ェ ェ 巠 巠 釘 釖 頸 頸 頸 頸 頸

갈 지 부수 : 丿

之 之

총 4획 ` 一 ラ 之

사귈 교 부수 : 亠

交 交

총 6획 ` 一 广 六 亣 交

멋지게 쓰기

刎 頸 之 交

멋지게 말하기

그는 곤경에 처해서야 비로소 자신에게 한 사람의
문경지교도 없음을 깨달았다.

刎頸之友

서로 죽음을 대신할 수 있을 만큼
아주 친밀한 사이를 말함.

목벨 문   부수 : 刂

刎 刎

총 6획   ノ 勹 勾 勿 勿 刎

목 경   부수 : 頁

頸 頸

총 16획   頸 頸 頸 頸 頸 頸 頸 頸 頸 頸 頸 頸

갈 지   부수 : 丿

之 之

총 4획   丶 宀 ⺀ 之

벗 우   부수 : 又

友 友

총 4획   一 ナ 方 友

멋지게 쓰기

刎 頸 之 友

멋지게 말하기

아무리 사이가 **문경지우**라 해도, 상황이 변하면 어떻게
변할지 모르는 게 인간의 마음이다.

背故向新

옛 친구를 배반하고 새로운 사람과 사귄다는 뜻.

배신할 배   부수 : 月

背 背

총 9획   丿 ⺀ 爿 爿 北 背 背 背 背

연고 고   부수 : 攵

故 故

총 9획   一 十 十 古 古 古 故 故 故

향할 향   부수 : 口

向 向

총 6획   ノ 亻 冂 向 向 向

새 신   부수 : 斤

新 新

총 13획   丶 宀 ⺀ ⺈ 立 立 辛 亲 亲 新 新 新 新

멋지게 쓰기

背 故 向 新

멋지게 말하기

주변에 존경할 만한 사람이 없다면,
배고향신 해야 한다.

백아절현
伯牙絕絃

참다운 벗의 죽음을 슬퍼한다는 뜻.

맏 백　　　부수 : 亻

伯　伯

총 7획　ノ　亻　亻′　亻′　亻′　伯　伯

어금니 아　　　부수 : 牙

牙　牙

총 4획　一　二　牙　牙

끊을 절　　　부수 : 糸

絕　絕

총 12획　ㄥ　ㄠ　ㄠ　糸　糸　糸　糸′　糸′　糸′　絡　絕　絕

악기줄 현　　　부수 : 糸

絃　絃

총 11획　ㄥ　ㄠ　ㄠ　糸　糸　糸　糸′　糸′　絃　絃　絃

멋지게 쓰기

伯　牙　絕　絃

복심지우
腹心之友

서로 마음이 맞는 극진한 친구를 뜻하는 말.

배 복　　　부수 : 月

腹　腹

총 13획　ノ　月　月　月　月′　月′　肜　肜　肜　腜　腜　腹　腹

마음 심　　　부수 : 心

心　心

총 4획　ノ　心　心　心

갈 지　　　부수 : ノ

之　之

총 4획　丶　一　ㄱ　之

벗 우　　　부수 : 又

友　友

총 4획　一　ナ　方　友

멋지게 쓰기

腹　心　之　友

朋友有信

붕우유신

오륜(五倫)의 하나.
벗의 도리는 믿음에 있다는 뜻이다.

벗 붕　　　　　　　　　　　부수 : 月

朋　朋

총 8획　丿　刀　月　月　刖　刖　朋　朋

벗 우　　　　　　　　　　　부수 : 又

友　友

총 4획　一　ナ　方　友

있을 유　　　　　　　　　　부수 : 月

有　有

총 6획　一　ナ　オ　冇　有　有

믿을 신　　　　　　　　　　부수 : 亻

信　信

총 9획　丿　亻　亻　𣎺　𣎺　信　信　信　信

멋지게 쓰기

朋　友　有　信

멋지게 말하기

친구들 사이에서 **붕우유신**을 지키는 것은
오랜 우정을 이어가는 데 중요한 역할을 한다.

朋友責善

붕우책선

벗끼리 서로 좋은 일을 하도록 권함.

벗 붕　　　　　　　　　　　부수 : 月

朋　朋

총 8획　丿　刀　月　月　刖　刖　朋　朋

벗 우　　　　　　　　　　　부수 : 又

友　友

총 4획　一　ナ　方　友

꾸짖을 책　　　　　　　　　부수 : 貝

責　責

총 11획　一　二　丰　丰　主　青　青　青　責　責

착할 선　　　　　　　　　　부수 : 口

善　善

총 12획　丶　丷　丷　半　兰　羊　羊　羔　盖　盖　善　善

멋지게 쓰기

朋　友　責　善

멋지게 말하기

친구 사이에는 서로 좋은 일을 하도록 권하는
붕우책선이 필요하다.

貧賤之交

빈천지교

가난하고 천할 때 가까이 사귄 사이. 또는 그런 벗.

夜雨對牀

야우대상

밤비 소리를 들으며 침대를 가지런히 하여 잠. 또는 형제나 친구 사이가 다정함을 나타냄.

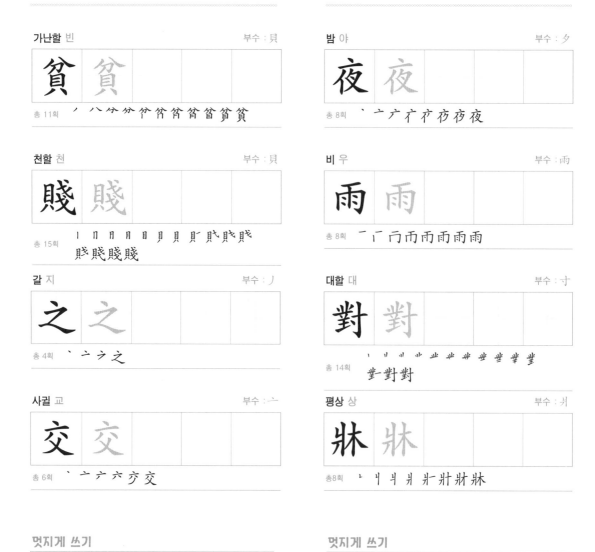

가난할 빈   부수 : 貝

貧 貧

총 11획   ′ ″ 八 分 分 分 咎 咎 咎 咎 貧 貧

밤 야   부수 : 夕

夜 夜

총 8획   ` 一 广 广 疒 夜 夜 夜

천할 천   부수 : 貝

賤 賤

총 15획   ∣ 冂 冂 冃 目 目 貝 貝 貯 賎 賎 賎 賎 賎 賎

비 우   부수 : 雨

雨 雨

총 8획   一 一 冂 而 雨 雨 雨 雨

갈 지   부수 : 丿

之 之

총 4획   ` 一 ㄋ 之

대할 대   부수 : 寸

對 對

총 14획   ∣ ∣ ∥ ∥ 业 业 业 业 业 业 业 业 對 對

사귈 교   부수 : 亠

交 交

총 6획   ` 一 广 六 交 交

평상 상   부수 : 爿

牀 牀

총8획   ㇀ 丬 丬 爿 爿 爿 牀 牀

멋지게 쓰기

貧 賤 之 交

멋지게 쓰기

夜 雨 對 牀

멋지게 말하기

태식이는 내가 어렵고 가난했을 때부터 사귀어온 **빈천지교**다.

멋지게 말하기

동훈이와 먼 거리에 떨어져 살고 있지만, 여전히 **야우대상**의 사이를 유지하고 있다.

與子同袍

'자네와 두루마기를 같이 입겠네'라는 뜻으로 친구
사이에 서로 허물없이 무관하여 하는 말.

더불 여 　　　　　　　　　　부수: 臼

與　與

총 14획 ` ⌒ ⌒ ⌒ ⌒ ⌒ ⌒ ⌒ ⌒
與 與 與

아들 자 　　　　　　　　　　부수: 子

子　子

총 3획 ⌐ 了 子

한가지 동 　　　　　　　　　부수: 口

同　同

총 6획 丨 冂 冂 同 同 同

도포 포 　　　　　　　　　　부수: 衤

袍　袍

총 10획 ` ⌐ 才 才 木 衤 衤 袍 袍 袍

멋지게 쓰기

與 子 同 袍

멋지게 말하기

태환이와는 **여자동포**로 지내기에, 나의 은밀한
비밀도 공유할 수 있다.

以文會友

학문으로써 친구를 모음. 또는 학문을 연구하기
위하여 벗을 모은다는 뜻.

써 이 　　　　　　　　　　　부수: 人

以　以

총 5획 丨 丨 丬 以 以

글월 문 　　　　　　　　　　부수: 文

文　文

총 4획 ` ⌐ ナ 文

모일 회 　　　　　　　　　　부수: 曰

會　會

총 13획 丿 人 亼 仝 今 命 命 命 侖 侖 會 會 會

벗 우 　　　　　　　　　　　부수: 又

友　友

총 4획 一 ナ 方 友

멋지게 쓰기

以 文 會 友

멋지게 말하기

신작가는 박사과정 중에 연구를 위해
이문회우를 하였다.

69

長枕大衾

장침대금

긴 베개와 큰 이불이라는 뜻으로, 긴 베개와 큰 이불은 함께
누워 자기에 편하므로 친구 간에 우애가 두터움을 이르는 말.

知己之友

지기지우

자기의 가치나 속마음을 잘 알아주는
참다운 벗을 뜻함.

길 장   부수 : 長

長 長

총 8획 　一丌卩FE토長長長

알 지   부수 : 矢

知 知

총 8획 　ノ 广 仁 乍 矢 矢 知 知

베개 침   부수 : 木

枕 枕

총 8획 　一 十 木 木 札 材 枕 枕

몸 기   부수 : 己

己 己

총 3획 　フ コ 己

큰 대   부수 : 大

大 大

총 3획 　一 ナ 大

갈 지   부수 : ノ

之 之

총 4획 　丶 亠 ラ 之

이불 금   부수 : 衣

衾 衾

총 10획 　ノ 人 人 今 今 仐 仐 仐 衾 衾

벗 우   부수 : 又

友 友

총 4획 　一 ナ 方 友

멋지게 쓰기

長 枕 大 衾

멋지게 쓰기

知 己 之 友

멋지게 말하기

현우와 승현이는 만난 지 1년밖에 안되었지만,
지금은 그 사이가 **장침대금**이다.

멋지게 말하기

은진이와 나는 서로의 마음을 잘 헤아리는
지기지우이다.

지란지교

芝蘭之交

지초와 난초의 사귐이라는 뜻으로, 벗 사이의 높고
맑은 사귐을 이르는 말.

지초 지 부수 : 艹

芝 芝

총 8획 一 十 サ サ 芝 芝 芝

난초 란 부수 : 艹

蘭 蘭

총 21획 一 十 サ サ 拦 拦 拦 拦 門 門 門 門 門 門 門 蘭 蘭 蘭 蘭 蘭

갈 지 부수 : 丿

之 之

총 4획 丶 ㇀ ㇈ 之

사귈 교 부수 : 亠

交 交

총 6획 丶 一 ㇇ 六 亥 交

멋지게 쓰기

芝 蘭 之 交

멋지게 말하기

내 인생에 **지란지교**할 수 있는 친구 세 명만 있다면,
외롭지 않겠다.

추우강남

追友江南

벗을 따라 강남 간다는 뜻으로, 자기는 꼭 필요하지
않더라도 벗을 위해 먼 길이라도 간다는 말.

쫓을 추 부수 : 辶

追 追

총 10획 丿 亻 𠂆 𠂤 𠂤 自 追 追 追 追

벗 우 부수 : 又

友 友

총 4획 一 ナ 方 友

강 강 부수 : 氵

江 江

총 6획 丶 丶 氵 汀 江 江

남녘 남 부수 : 十

南 南

총 9획 一 十 十 㕔 内 内 南 南 南

멋지게 쓰기

追 友 江 南

멋지게 말하기

그는 명확한 계획 없이 **추우강남**으로 사업을 시작했으나
나중에는 친구보다도 사업이 더 번창했다.

71

통가지의

通家之誼

절친한 친구 사이에 친척처럼 내외를 트고 지내는 정.

통할 통 　　　　　　　　　　　　부수 : 辶

通	通			

총 11획 　ㄱ ㄱ ㄹ 丙 丙 甬 甬 涌 涌 涌 通

집 가 　　　　　　　　　　　　부수 : 宀

家	家			

총 10획 　丶 宀 宀 宀 宀 宁 豕 豕 家 家

갈 지 　　　　　　　　　　　　부수 : 丿

之	之			

총 4획 　丶 一 二 之

정 의 　　　　　　　　　　　　부수 : 言

誼	誼			

총 15획 　丶 一 亠 亖 言 言 言 訁 訁 訁 訌 訒 誼 誼 誼

멋지게 쓰기

通	家	之	誼

멋지게 말하기

통가지의하는 사이인 박 사장과 임 사장은
학창시절부터 1, 2등을 다투던 라이벌이었다.

한상지만

恨相知晩

서로 친구 됨이 늦었음을 한탄함.

한스러울 한 　　　　　　　　　　부수 : 忄

恨	恨			

총 9획 　丶 丶 忄 忄 忓 忓 悃 恨 恨

서로 상 　　　　　　　　　　　　부수 : 目

相	相			

총 9획 　一 十 才 木 机 机 相 相 相

알 지 　　　　　　　　　　　　　부수 : 矢

知	知			

총 8획 　丿 ㇟ 二 チ 矢 知 知 知

늦을 만 　　　　　　　　　　　　부수 : 日

晚	晚			

총 12획 　丨 冂 日 日 旫 旷 旷 睁 晚 晚 晚 晚

멋지게 쓰기

恨	相	知	晚

멋지게 말하기

내가 김 사장을 진작이 알고 지냈다면, 서로
승승장구 했을 텐데, 참으로 **한상지만**이다.

72

혜분난비
蕙焚蘭悲

혜초가 불에 타면 난초가 슬퍼한다는 뜻으로,
벗의 불행을 슬퍼함을 비유하여 이르는 말.

호형호제
呼兄呼弟

서로 형이니 아우니 하고 부른다는 뜻으로,
매우 가까운 친구 사이로 지냄을 이르는 말.

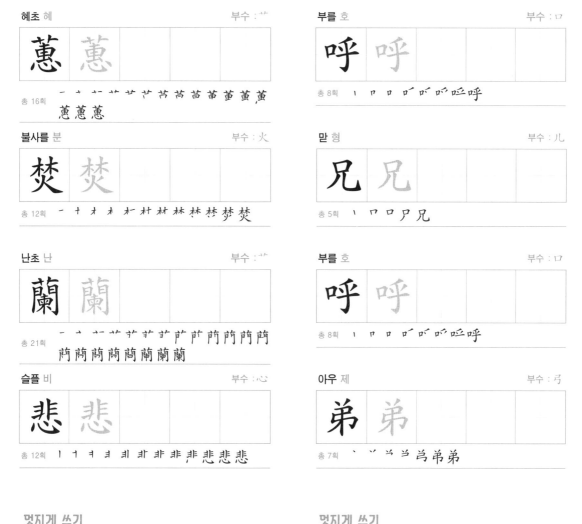

혜초 혜 부수 : 艹

蕙 蕙

총 16획 一 十 卅 卅 芹 芦 茜 茜 黄 黄 黄 黄 蕙 蕙 蕙

불사를 분 부수 : 火

焚 焚

총 12획 一 十 オ 木 村 村 材 材 林 林 焚 焚

난초 난 부수 : 艹

蘭 蘭

총 21획 一 十 卅 卅 节 节 莭 莭 前 前 菛 菛 蕳 蕳 蕳 蕳 蕳 蘭 蘭 蘭

슬플 비 부수 : 心

悲 悲

총 12획 丨 丬 丬 キ キ 非 非 非 非 悲 悲 悲

부를 호 부수 : 口

呼 呼

총 8획 丨 口 口 叮 叮 吁 吁 呼

맏 형 부수 : 儿

兄 兄

총 5획 丨 口 口 尸 兄

부를 호 부수 : 口

呼 呼

총 8획 丨 口 口 叮 叮 吁 吁 呼

아우 제 부수 : 弓

弟 弟

총 7획 丶 丷 므 므 吕 弟 弟

멋지게 쓰기

蕙 焚 蘭 悲

멋지게 쓰기

呼 兄 呼 弟

멋지게 말하기
영식이와 민재는 각자 힘든 일이 있을 때마다 서로
걱정해주고 도와주는 **혜분난비**의 사이다.

멋지게 말하기
우리는 어릴 때부터 **호형호제**하며 친형제보다
더 가깝게 지냈다.

간담상조 : 간과 쓸개를 서로 보인다는 뜻으로, 서로 마음을 터놓고 사귀는 것을 이르는 말.

낙월옥량 : 밤에 벗의 꿈을 꾸고 깨 보니 지는 달이 지붕을 비추고 있다는 뜻에서, 벗을 생각하는 마음이 간절함을 이르는 말.

경개여고 : 처음 만나 잠깐 사귀었음에도 마치 오래 사귄 것처럼 친함을 뜻하는 말.

단금지교 : 쇠붙이를 끊을 수 있을 만큼 단단한 교분이라는 뜻으로, 친구 사이의 매우 두터운 우정을 이르는 말.

관포지교 : 아주 친한 친구 사이의 사귐을 뜻하는 말.

동행친구 : 길을 함께 가는 벗. 또는 같은 길을 가는 사람.

교칠지교 : 서로 떨어질 수 없을 정도로 친밀한 교분을 비유적으로 이르는 말.

막역지우 : 거스름이 없는 벗이라는 뜻으로, 허물이 없이 매우 가까운 친구를 이르는 말.

금란지계 : 쇠처럼 단단하고 난초의 향기처럼 그윽한 사귐. 친구 사이의 매우 두터운 정을 뜻하는 말.

문경지교 : 서로 죽음을 대신할 수 있을 만큼 막역한 사이를 뜻하는 말.

문경지우 : 서로 죽음을 대신할 수 있을 만큼
아주 친밀한 사이를 말함.

붕우책선 : 벗끼리 서로 좋은 일을 하도록
권함.

배고향신 : 옛 친구를 배반하고 새로운 사람과
사귄다는 뜻.

빈천지교 : 가난하고 천할 때 가까이 사귄
사이. 또는 그런 벗.

백아절현 : 참다운 벗의 죽음을 슬퍼한다는
뜻.

야우대상 : 밤비 소리를 들으며 침대를
가지런히 하여 잠. 또는 형제나 친구 사이가
다정함을 나타냄.

복심지우 : 서로 마음이 맞는 극진한 친구를
뜻하는 말.

여자동포 : '자네와 두루마기를 같이
입겠네' 라는 뜻으로 친구 사이에 서로 허물없이
무관하여 하는 말.

봉우유신 : 오륜(五倫)의 하나. 벗의 도리는
믿음에 있다는 뜻이다.

이문회우 : 학문으로써 친구를 모음 또는
학문을 연구하기 위하여 벗을 모은다는 뜻.

장침대금 : 긴 베개와 큰 이불은 함께 누워
자기에 편하므로 친구 간에 우애가 두터움을
이르는 말.

☐ ☐ ☐ ☐

지기지우 : 자기의 가치나 속마음을 잘
알아주는 참다운 벗을 뜻함.

☐ ☐ ☐ ☐

지란지교 : 지초와 난초의 사귐이라는 뜻으로,
벗 사이의 높고 맑은 사귐을 이르는 말.

☐ ☐ ☐ ☐

추우강남 : 벗을 따라 강남 간다는 뜻으로,
자기는 꼭 필요하지 않더라도 벗을 위해 먼
길이라도 간다는 말.

☐ ☐ ☐ ☐

통가지의 : 절친한 친구 사이에 친척처럼
내외를 트고 지내는 정.

☐ ☐ ☐ ☐

한상지만 : 서로 친구 됨이 늦었음을 한탄함.

☐ ☐ ☐ ☐

혜분난비 : 혜초가 불에 타면 난초가
슬퍼한다는 뜻으로, 벗의 불행을 슬퍼함을
비유하여 이르는 말.

☐ ☐ ☐ ☐

호형호제 : 서로 형이니 아우니 하고 부른다는
뜻으로, 매우 가까운 친구 사이로 지냄을
이르는 말.

☐ ☐ ☐ ☐

넷째 마당

자신의 가치를 높여준다

겸손

견마지로
犬馬之勞

윗사람에게 바치는 자기의 노력을
겸손하게 이르는 말.

견마지심
犬馬之心

임금이나 나라에 충성을 다하여 몸을 바치는
마음을 겸손하게 이르는 말.

개 견   부수 : 犬

犬 犬

총 4획   一 ナ 大 犬

개 견   부수 : 犬

犬 犬

총 4획   一 ナ 大 犬

말 마   부수 : 馬

馬 馬

총 10획   一 厂 厂 厈 F 馬 馬 馬 馬 馬

말 마   부수 : 馬

馬 馬

총 10획   一 厂 厂 厈 F 馬 馬 馬 馬 馬

갈 지   부수 : 丿

之 之

총 4획   丶 亠 ラ 之

갈 지   부수 : 丿

之 之

총 4획   丶 亠 ラ 之

일할 로   부수 : 力

勞 勞

총 12획   丶 丷 丷 ⺌ ⺍ ⺍ ⺍ ⺍ ⺍ ⺍ 勞 勞

마음 심   부수 : 心

心 心

총 4획   丿 心 心 心

멋지게 쓰기

犬 馬 之 勞

멋지게 쓰기

犬 馬 之 心

민족을 위해서 어떤 일이든
견마지로를 다하겠습니다.

나라를 생각하는 **견마지심**이 참 감동적이다.

78

견마지치
犬馬之齒

개나 말처럼 보람 없이 헛되게 먹은 나이라는 뜻으로,
남에게 자기 나이를 낮춰 이르는 말.

개 견 부수 : 犬

犬　犬

총 4획　一ナ大犬

말 마 부수 : 馬

馬　馬

총 10획　一厂厂厂厍馬馬馬馬馬

갈 지 부수 : 丿

之　之

총 4획　丶一ニ之

이 치 부수 : 齒

齒　齒

총 15획　丨丨丬丬步步步步歩齒齒齒齒齒

멋지게 쓰기

犬　馬　之　齒

겸양지덕
謙讓之德

자기를 내세우거나 자랑하지 않는 태도로
남에게 양보하거나 사양하는 덕.

겸손할 겸 부수 : 言

謙　謙

총 17획　丶一ニ主言言言言言詳詳詳謙謙謙謙

사양할 양 부수 : 言

讓　讓

총 24획　丶一ニ主言言言言訂訂詳詳詳詳詳讓讓讓讓讓讓讓讓讓

갈 지 부수 : 丿

之　之

총 4획　丶一ニ之

덕 덕 부수 : 彳

德　德

총 15획　丿彳彳彳彳徝德徝德德德德德德德

멋지게 쓰기

謙　讓　之　德

계림일지

桂林一枝

대수롭지 않은 출세를 이르는 말. 또는 사람됨이
출중하면서도 청빈하고 겸손함을 이르는 말.

계수나무 계   부수: 木

桂	桂			

총 10획   一 十 才 木 木 村 村 村 桂 桂

수풀 림   부수 : 木

林	林			

총 8획   一 十 才 木 村 村 材 林

한 일   부수 : 一

一	一			

총 1획   一

가지 지   부수 : 木

枝	枝			

총 8획   一 十 才 木 村 村 杉 枝

멋지게 쓰기

桂	林	一	枝

멋지게 말하기

제가 이번에 백일장에서 우수상을 받은 것은 **계림일지**에
불과하며, 더욱 노력해야 한다고 생각합니다.

과덕지인

寡德之人

덕이 적은 사람이란 뜻으로, 과거에 왕이 자신을
겸손하게 표현해서 부르던 과인(寡人)의 본 의미.

적을 과   부수 : 宀

寡	寡			

총 14획   ` 丶 宀 宀 宀 宀 宆 宆 宣 宣
宣 宣 寡 寡

덕 덕   부수 : 彳

德	德			

총 15획   ´ ㇒ 彳 彳 彳 彴 彿 徒 德 德
德 德 德 德 德

갈 지   부수 : 丿

之	之			

총 4획   丶 一 亠 之

사람 인   부수 : 人

人	人			

총 2획   丿 人

멋지게 쓰기

寡	德	之	人

멋지게 말하기

제가 **과덕지인**한 탓에, 올해 팀의 성과가 기대에
미치지 못했습니다.

錦衣尚褧

미덕을 간직하고 있어도 이를 겉으로 드러내지 않는
겸손을 비유적으로 이르는 말.

비단 금　　　　　　　　　　　부수 : 金

錦　錦

총 16획　ノ ノ ケ ト 与 条 金 金' 釒
釒 釒 釒 鈤 錦 錦

옷 의　　　　　　　　　　　　부수 : 衣

衣　衣

총 6획　亠 亠 ナ 衣 衣 衣

오히려 상　　　　　　　　　　부수 : 小

尚　尚

총 8획　丨 丷 小 小 尙 尙 尙 尙

홑옷 경　　　　　　　　　　　부수 : 衣

褧　褧

총 16획　一 厂 厂 厅 月 耳 耵 耵 耴 耴
耴 耴 耴 耴 褧 褧

멋지게 쓰기

錦　衣　尚　褧

南面稱孤

임금이 됨을 이르는 말,
고(孤)는 왕이 자신을 겸손하게 일컫는 말.

남녘 남　　　　　　　　　　　부수 : 十

南　南

총 9획　一 十 广 内 内 南 南 南 南

낯 면　　　　　　　　　　　　부수 : 面

面　面

총 9획　一 丆 丆 丙 而 而 面 面 面

일컬을 칭　　　　　　　　　　부수 : 禾

稱　稱

총 14획　ノ 二 千 禾 禾 利 利 科 稍
稱 稱 稱 稱

외로울 고　　　　　　　　　　부수 : 子

孤　孤

총 8획　了 了 子 子' 子' 孤 孤 孤

멋지게 쓰기

南　面　稱　孤

멋지게 말하기

너의 재주가 뛰어난 것은 알지만, **금의상경**해야
주변에 적이 생기지 않는 단다.

멋지게 말하기

남면칭고는 고대의 제왕이 남쪽을 향해 앉아 신하를
접견하고 정무를 처리한 데서 온 말이다.

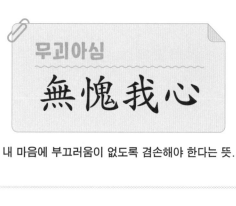

노겸근칙
勞謙謹勑

부지런하고 겸손하며 말을 삼가고
해이해짐을 경계한다.

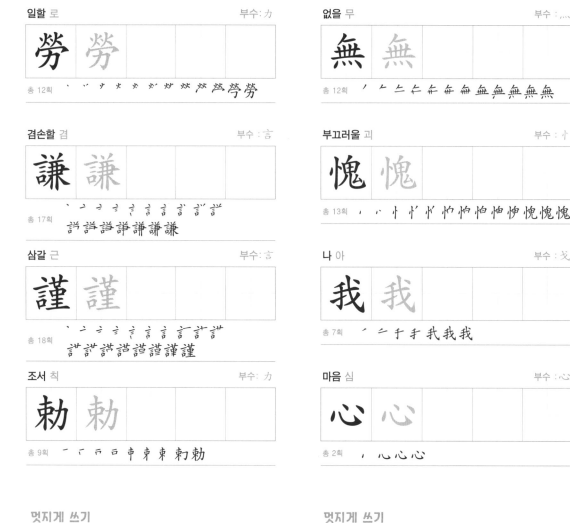

무괴아심
無愧我心

내 마음에 부끄러움이 없도록 겸손해야 한다는 뜻.

일할 로 　　　　　　부수:力

勞　勞

총 12획 　` ﾞ ｯ ｭ ﾞ ﾟ ｯ 炒 炒 炒 勞 勞 勞

겸손할 겸 　　　　　부수:言

謙　謙

총 17획 　` ﾞ ｼ ﾆ ﾆ 言 言 言 訂 訶
謙 謙 謙 謙 謙 謙 謙 謙

삼갈 근 　　　　　　부수:言

謹　謹

총 18획 　` ﾞ ｼ ﾆ ﾆ 言 言 言 訂 訶
訷 訷 訷 謹 謹 謹 謹 謹

조서 칙 　　　　　　부수:力

勑　勑

총 9획 　` ﾞ ｒ ﾛ ﾛ 束 束 束 勑 勑

없을 무 　　　　　　부수:灬

無　無

총 12획 　ﾉ ﾟ ﾟ ﾟ 뜬 無 無 無 無 無 無 無

부끄러울 괴 　　　　부수:忄

愧　愧

총 13획 　` ﾞ ﾄ ﾔ ﾔ 忖 愧 愧 愧 愧 愧 愧 愧

나 아 　　　　　　　부수:戈

我　我

총 7획 　` ﾞ ﾆ 手 我 我 我

마음 심 　　　　　　부수:心

心　心

총 2획 　ﾉ 心 心 心

멋지게 쓰기

勞	謙	謹	勑

멋지게 쓰기

無	愧	我	心

멋지게 말하기

노겸근칙을 저부터 실천해 부지런히 애쓰며
겸손하고 실수가 없도록 삼가고 경계하겠습니다.

멋지게 말하기

어떻게 다른 사람들의 뜻을 모두 다 헤아릴 수
있겠느냐? 다만 **무괴아심**을 구할 뿐이다.

박주산체
薄酒山菜

자기가 내는 술과 안주를 겸손하게 이르는 말.

엷을 박   부수 : 艹

薄 薄

총 17획   一 十 艹 艹 芦 芦 苫 洁 茳 蒲 蒲 蒲
蒲 蓮 薄 薄

술 주   부수 : 酉

酒 酒

총 10획   丶 丶 氵 汀 汀 沔 沔 洒 酒 酒

메 산   부수 : 山

山 尚

총 3획   丨 山 山

나물 채   부수 : 艹

菜 菜

총 12획   一 十 艹 艹 艹 艹 苹 芯 茓 苹 菜 菜

멋지게 쓰기

薄 酒 山 菜

멋지게 말하기

비록 **박주산체**이나 맛나게 드시지요.

반부논어
半部論語

자신의 지식을 겸손하게 이르거나
배움의 중요함을 일컫는 말.

반 반   부수 : 十

半 半

총 5획   丶 丷 二 二 半

구분할 부, 떼 부   부수 : 酉

部 部

총 10획   丶 二 二 立 立 产 咅 咅 部 部

논할 논   부수 : 言

論 論

총 15획   丶 二 二 言 言 言 言 訟 診
論 論 論 論 論

말씀 어   부수 : 言

語 語

총 14획   丶 二 二 言 言 言 言 訂 語
語 語 語 語

멋지게 쓰기

半 部 論 語

멋지게 말하기

해박한 지식으로 유명한 그는 늘 **반부논어**하며
겸손함으로 솔선수범하는 삶을 살고 있다

불벌기장

不伐己長

자기의 장점을 자랑하지 않는다는 뜻으로,
겸손한 자세를 말함.

아니 불   부수:一

不　不

총 4획 　一 ブ オ 不

칠 벌   부수:亻

伐　伐

총 6획 　ノ 亻 亻 代 伐 伐

몸 기   부수:己

己　己

총 3획 　コ コ 己

길 장   부수:長

長　長

총 8획 　一 丁 F F 토 토 長 長

멋지게 쓰기

不　伐　己　長

멋지게 말하기

재주가 뛰어난 사람은 **불벌기장**한 태도를 지녀야,
다른 사람들의 시기와 질투를 피할 수 있다.

사양지심

辭讓之心

겸손하여 남에게 사양할 줄 아는 마음을 뜻하는 말.

말씀 사   부수:辛

辭　辭

총 19획 　ˊ ˊ ˊ ㄣ ㄣ ㄣ 冎 冎 冎
冎 冎 冎 冎 冎 冎 冎 辭 辭 辭

사양할 양   부수:言

讓　讓

총 24획 　ˋ 二 二 ㆎ 言 言 言 訁 訁 訁
訁 訁 訁 訁 諄 諄 諄 諄 讓 讓 讓

갈 지   부수:丿

之　之

총 4획 　ˋ 二 ㇆ 之

마음 심   부수:心

心　心

총 4획 　丿 心 心 心

멋지게 쓰기

辭　讓　之　心

멋지게 말하기

맹자는 **사양지심**이 없으면 사람이 아니라고 하였다.

삼동문사
三冬文史

가난한 사람은 삼동에 학문을 닦는다는 뜻으로
자신을 겸손히 이르는 말.

석 삼　　　　　　　　　　부수 : 一

三　三

총 3획　一 二 三

겨울 동　　　　　　　　　부수 : 冫

冬　冬

총 5획　ノ ク 夂 冬 冬

글월 문　　　　　　　　　부수 : 文

文　文

총 4획　丶 一 ナ 文

사기 사　　　　　　　　　부수 : 口

史　史

총 5획　丶 口 口 史 史

멋지게 쓰기

三 冬 文 史

멋지게 말하기

가난한 처지에도 애써 공부하는 사람이 자신을
겸손하게 가리켜 **삼동문사**라고 할 수 있을 것이다

술이부작
述而不作

있는 그대로 기술할 뿐 새로 지어내지 않는다는
뜻으로, 학자의 겸손한 자세를 비유한 말.

지을 술　　　　　　　　　부수 : 辶

述　述

총 9획　一 十 才 朮 朮 沭 沭 沭 述

말 이을 이　　　　　　　　부수 : 而

而　而

총 6획　一 丆 丆 丙 而 而

아니 불　　　　　　　　　부수 : 一

不　不

총 4획　一 丆 才 不

지을 작　　　　　　　　　부수 : 亻

作　作

총 7획　ノ 亻 亻 仁 竹 作 作

멋지게 쓰기

述 而 不 作

멋지게 말하기

사마천의 사기를 비롯해 동양의 역사서 기술은
술이부작의 정신에서 시작한다.

애인하사

愛人下士

백성을 사랑하고 선비에게 자기 몸을 낮춤을
뜻하는 말.

사랑 애 부수:心

愛 愛

총 13획 `ᅳ ᅡ ᅡ ᅡ ᄄ ᄄ ᅳ ᅟᄄ 忍 忍 忍 愛 愛 愛`

사람 인 부수:人

人 人

총 2획 ノ 人

아래 하 부수:一

下 下

총 3획 一 丁 下

선비 사 부수:士

士 士

총 3획 一 十 士

연도일할

鉛刀一割

납으로 만든 칼도 한 번은 자를 힘이 있다는 뜻으로,
자기의 힘이 없음을 겸손하게 이르는 말.

납 연 부수:金

鉛 鉛

총 13획 ノ 人 ᅩ ᅩ 合 合 合 金 金 釒 釒 鉛 鉛

칼 도 부수:刀

刀 刀

총 2획 フ 刀

한 일 부수:一

一 一

총 1획 一

나눌 할 부수:刂

割 割

총 12획  ﹅ 宀 宀 宁 宊 宝 宝 害 害 害 割

멋지게 쓰기

愛 人 下 士

멋지게 쓰기

鉛 刀 一 割

멋지게 말하기

한 나라의 통치자라면 **애인하사**하는 마음가짐이
필요하다.

멋지게 말하기

이번 프로젝트에 큰 공을 세운 윤팀장은 **연도일할**의
모습에 후배들에게 귀감이 되고 있다.

吮犢之情

어미소가 송아지를 핥아 주는 정이라는 뜻으로,
자기의 자녀에 대한 사랑을 겸손하게 이르는 말.

衣錦褧衣

비단옷을 입고 홑옷을 덧입는다는 뜻으로 장점이나
실력을 드러내지 않는 겸손한 태도를 말함.

빨 연   부수 : 金

吮 吮

총 7획   丶 丨 口 吣 吣 吟 吮

송아지 독   부수 : 牛

犢 犢

총 19획   丿 一 牛 牛 牜 牜 牜 牜 犝 犝 犝 犝 犝 犝 犝 犝 犝 犢 犢

갈 지   부수 : 丿

之 之

총 4획   丶 一 ㄅ 之

뜻 정   부수 : 忄

情 情

총 11획   丶 丶 忄 忄 忄 忄 忄 情 情 情 情

옷 의   부수 : 衣

衣 衣

총 6획   丶 一 亠 ナ 衣 衣 衣

비단 금   부수 : 金

錦 錦

총 16획   丿 丿 厶 二 亽 全 全 金 金 鈤 鈤 鈤 鈤 錦 錦 錦

홑옷 경   부수 : 衣

褧 褧

총 16획   一 丆 刀 刃 刃 月 月 耳 耳 耵 耵 耵 耵 耵 耵 褧 褧 褧 褧 褧

옷 의   부수 : 衣

衣 衣

총 6획   丶 一 亠 ナ 衣 衣 衣

멋지게 쓰기

吮 犢 之 情

멋지게 쓰기

衣 錦 褧 衣

멋지게 말하기

자식에 대한 부모의
연독지정은 숭고함 그 자체다.

멋지게 말하기

너무나 큰 공을 세운 사람은 **의금경의**한 태도를
유지해야 구설수를 피할 수 있다.

일경사익

一兼四益

한 번의 겸손은 천(天), 지(地), 신(神), 인(人)의
네 가지로부터 유익함을 가져오게 한다는 뜻으로,
겸손하여야 함을 강조하여 이르는 말.

한 일   부수:一

一	一		

총 1획   一

겸손할 겸   부수:八

兼	兼		

총 10획   丶 丷 丷 今 今 争 兼 兼 兼 兼

넉 사   부수:口

四	四		

총 5획   丨 冂 冂 四 四

더할 익   부수:皿

益	益		

총 10획   丶 丷 丷 公 公 益 益 益 益 益

멋지게 쓰기

一	兼	四	益

멋지게 말하기

일시적으로 성공했어도 **일경사익** 하지 않은 자는
나중에 크게 후회하게 된다.

채신지우

採薪之憂

병이 들어서 나무를 할 수 없다는 뜻으로,
자기의 병을 겸손하게 이르는 말.

캘 채   부수:扌

採	採		

총 11획   一 亅 扌 扌 栄 采 采 采

섶나무 신   부수:艹

薪	薪		

총 17획   一 十 艹 艹 扩 荮 蒞 葐 薪 薪 薪 薪 薪 薪

갈 지   부수:丿

之	之		

총 4획   丶 亠 之 之

근심 우   부수:心

憂	憂		

총 15획   一 丆 亓 丙 百 百 百 直 直 惪 惪 惪 夢 夢 憂

멋지게 쓰기

採	薪	之	憂

멋지게 말하기

지금은 몸이 아파 **채신지우**하고 있을 뿐입니다.

견마지로 : 윗사람에게 바치는 자기의 노력을 겸손하게 이르는 말.

견마지심 : 임금이나 나라에 충성을 다하여 몸을 바치는 마음을 겸손하게 이르는 말.

견마지치 : 상대방을 높이기 위해, 자기의 나이를 아주 겸손하게 이르는 말.

경양지덕 : 자기를 내세우거나 자랑하지 않는 태도로 남에게 양보하거나 사양하는 덕.

계림일지 : 대수롭지 않은 출세를 이르는 말. 또는 사람됨이 출중하면서도 청빈하고 견손함을 이르는 말.

과덕지인 : 덕이 적은 사람이란 뜻으로, 과거에 왕이 자신을 겸손하게 표현해서 부르던 과인(寡人)의 본 의미.

금의상경 : 미덕을 간직하고 있어도 이를 겉으로 드러내지 않는 겸손을 비유적으로 이르는 말.

남면칭고 : 임금이 됨을 이르는 말, 고(孤)는 왕이 자신을 겸손하게 일컫는 말.

노겸근칙 : 부지런하고 겸손하며 말을 삼가고 해이해짐을 경계한다.

무괴아심 : 내 마음에 부끄러움이 없도록 겸손해야 한다는 뜻.

박주산채 : 자기가 내는 술과 안주를 겸손하게
이르는 말.

☐ ☐ ☐ ☐

반부논어 : 자신의 지식을 겸손하게 이르거나
배움의 중요함을 일컫는 말.

☐ ☐ ☐ ☐

불벌기장 : 자기의 장점을 자랑하지 않는다는
뜻으로, 겸손한 자세를 말함.

☐ ☐ ☐ ☐

사양지심 : 겸손하여 남에게 사양할 줄 아는
마음을 뜻하는 말.

☐ ☐ ☐ ☐

삼동문사 : 가난한 사람은 삼동에 학문을
닦는다는 뜻으로 자신을 겸손히 이르는 말.

☐ ☐ ☐ ☐

술이부작 : 있는 그대로 기술할 뿐 새로
지어내지 않는다는 뜻으로, 학자의 겸손한
자세를 비유한 말.

☐ ☐ ☐ ☐

애인하사 : 백성을 사랑하고 선비에게 자기
몸을 낮춤을 뜻하는 말.

☐ ☐ ☐ ☐

연도일할 : 납으로 만든 칼도 한 번은 자를
힘이 있다는 뜻으로, 자기의 힘이 없음을
겸손하게 이르는 말.

☐ ☐ ☐ ☐

연독지정 : 어미소가 송아지를 핥아 주는
정이라는 뜻으로, 자기의 자녀에 대한 사랑을
겸손하게 이르는 말.

☐ ☐ ☐ ☐

의금경의 : 비단옷을 입고 홑옷을 덧입는다는
뜻으로 장점이나 실력을 드러내지 않는 겸손한
태도를 말함.

채신지우 : 병이 들어서 나무를 할 수 없다는
뜻으로, 자기의 병을 겸손하게 이르는 말.

일경사익 : 한 번의 겸손은 천(天), 지(地),
신(神), 인(人)의 네 가지로부터 유익함을
가져오게 한다는 뜻으로, 겸손하여야 함을
강조하여 이르는 말.

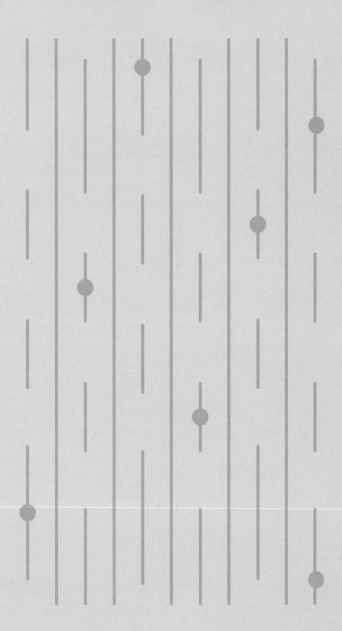

다섯째 마당

아는 것이 힘!

학문·공부

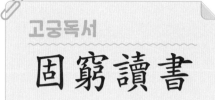

각곡유목

刻鵠類鶩

고니를 조각하다 집오리와 비슷하게 된다.
노력하다 보면 작은 성과라도 이룬다는 뜻.

고궁독서

固窮讀書

어려운 처지에도 기꺼이 글을 읽음.

새길 각　　　　　　　　　　　　부수 : 刂

刻　刻

총 8획　`　亠　亥　亥　亥　亥　刻

굳을 고　　　　　　　　　　　　부수 : 囗

固　固

총 8획　丨　冂　冃　冃　冃　周　周　固

고니 곡　　　　　　　　　　　　부수 : 鳥

鵠　鵠

총 18획　′　ˊ　ˏ　生　生　告　告　告　鵠
鵠　鵠　鵠　鵠　鵠　鵠　鵠　鵠

다할 궁　　　　　　　　　　　　부수 : 穴

窮　窮

총 15획　`　丷　宀　宀　宀　宀　宀　宀　宀
宀　宀　宀　宀　窮

무리 류　　　　　　　　　　　　부수 : 頁

類　類

총 19획　`　丷　丷　半　米　米　米　类　类
类　类　类　類　類　類　類　類　類

읽을 독　　　　　　　　　　　　부수 : 言

讀　讀

총 22획　`　ー　ニ　三　言　言　言　言　言　言
讀　讀　讀　讀　讀　讀　讀　讀　讀　讀

집오리 목　　　　　　　　　　　부수 : 鳥

鶩　鶩

총 20획　フ　マ　マ　孑　殺　殺　敄　敄　敄　敄
敄　敄　敄　鶩　鶩　鶩　鶩　鶩　鶩　鶩

글 서　　　　　　　　　　　　　부수 : 曰

書　書

총 10획　フ　ヲ　⺕　⺕　聿　聿　書　書　書　書

멋지게 쓰기

刻　鵠　類　鶩

멋지게 쓰기

固　窮　讀　書

멋지게 말하기

각곡유목의 정신으로 노력하다 보면
작은 결과라도 성취할 수 있을 것이다.

멋지게 말하기

고궁독서라는 말이 있듯, 학문을 함에 있어 제일 어려운
것은 가난이 아니라 자신의 의지와 노력의 부족이다.

곡학아세

曲學阿世

바르지 못한 학문으로 세속의 인기에 영합하려 애씀.

곤이지지

困而知之

고생하며 공부한 끝에 지식을 얻거나 도를 깨달음.

굽을 곡 부수 : 曰

曲 曲

총 6획 ㅣ 冂 曰 由 曲 曲

배울 학 부수 : 子

學 學

총 16획 學 與 學 學 學

언덕 아 부수 : 阝

阿 阿

총 8획 ㇇ 阝 阝 阿 阿 阿 阿 阿

인간 세 부수 : 一

世 世

총 5획 一 十 卅 卅 世

곤할 곤 부수 : 囗

困 困

총 7획 ㅣ 冂 冂 用 因 困 困

말이을 이 부수 : 而

而 而

총 6획 一 丆 丆 丙 而 而

알 지 부수 : 矢

知 知

총 8획 ノ ㇒ 匕 失 矢 矢 知 知

갈 지 부수 : 丿

之 之

총 4획 丶 ㇒ 之 之

멋지게 쓰기

曲 學 阿 世

멋지게 쓰기

困 而 知 之

멋지게 말하기

곡학아세로 대중 인기에 영합하려는
지식인들이 세상을 망친다.

멋지게 말하기

성철이는 5년간 **곤이지지**하여
박사학위를 취득할 수 있었다.

教學相長
교학상장

가르치고 배우는 과정에서 스승과 제자가
함께 성장함.

가르칠 교 　　　　　　　　　　　부수 : 攵

教	教			

총 11획　ノ メ 彡 孝 孝 孝 孝 孝 教 教

배울 학 　　　　　　　　　　　부수 : 子

學	學			

총 16획　𡭕 𡭕 𦥯 學 學 學

서로 상 　　　　　　　　　　　부수 : 目

相	相			

총 9획　一 十 才 木 相 相 相 相 相

길 장 　　　　　　　　　　　부수 : 長

長	長			

총 8획　一 厂 𠃌 F 토 토 長 長

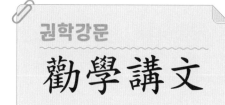

勸學講文
권학강문

학문을 권장하며 공부에 힘쓰게 함.

권할 권 　　　　　　　　　　　부수 : 力

勸	勸			

총 20획　一 十 十 + + + + + + + + + 華 華 華 華 華 勸 勸

배울 학 　　　　　　　　　　　부수 : 子

學	學			

총 16획　𡭕 𡭕 𦥯 學 學 學

강론할 강 　　　　　　　　　　　부수 : 言

講	講			

총 17획　丶 二 二 言 言 言 講 講 講 講 講 講 講

글월 문 　　　　　　　　　　　부수 : 文

文	文			

총 4획　丶 亠 亠 文

멋지게 쓰기

教	學	相	長

멋지게 쓰기

멋지게 말하기

김 선생은 어려운 환경 속에서도 배움의 열정을
가진 학생들을 가르치면서 **교학상장**을 떠올렸다.

멋지게 말하기

교장 선생님은 학생들에게 **권학강문**하는
연설을 하셨다.

記問之學

기문지학

단순히 책을 읽고 외기만 하고 제대로
이해하지 못한 학문을 말함.

적을 기   부수 : 言

記	記			

총 10획 　`ㅡ ㅑ ㅑ 言 言 言 訂 記 記

물을 문   부수 : 口

問	問			

총 11획 　ㅣ �尸 尸 尸 門 門 門 門 問 問

갈 지   부수 : 丿

之	之			

총 4획 　`ㅡ ㅋ 之

배울 학   부수 : 子

學	學			

총 16획 　ㅡ ㅑ ㅑ ㅑ ㅑ ㅑ 丗 丗
丗 丗 與 與 學 學

斷機之戒

단기지계

학문을 하다가 중도에 그만두면
아무 쓸모가 없다는 말.

끊을 단   부수 : 斤

斷	斷			

총 18획 　` ㅑ ㅑ 糸 糸 糸 糸 糸
糸 糸 綴 鐵 鐵 斷 斷 斷

베틀 기   부수 : 木

機	機			

총 16획 　ㅡ ㅑ ㅑ 木 术 术 柊 柊 楼
楼 楼 楼 機 機 機

갈 지   부수 : 丿

之	之			

총 4획 　`ㅡ ㅋ 之

경계할 계   부수 : 戈

戒	戒			

총 7획 　ㅡ ㅡ ㅜ 开 戒 戒 戒

멋지게 쓰기

記	問	之	學

멋지게 쓰기

斷	機	之	戒

멋지게 말하기

나는 수학 전공자가 아니지만, **기문지학**수준으로
수학을 공부한 적이 있다.

멋지게 말하기

지금이 어려운 시기일지라도, **단기지계**의 마음으로
끈기를 발휘하면 반드시 이겨낼 수 있을 것입니다.

단기지교

斷機之教

짜던 베의 날을 칼로 끊어 버린다는 뜻으로, 학문을
중도에서 그만두면 아무 쓸모가 없음을 이르는 말.

끊을 단 부수 : 斤

斷　斷

총 18획 `丶 丶 纟 纟 纟 纟 纟 纟 纟`
`纟 纟 纟 纟 斷 斷 斷 斷`

베틀 기 부수 : 木

機　機

총 16획 `一 十 オ 木 村 村 村 村 村`
`村 村 村 機 機 機`

갈 지 부수 : 丿

之　之

총 4획 `丶 一 ラ 之`

가르칠 교 부수 : 攵

教　教

총 11획 `丿 メ ス ≠ 差 差 差 孝 教 教 教`

독서삼매

讀書三昧

오직 책을 읽는 데에만 골몰하여 아무런
잡념이 일어나지 않는 상태를 말함.

읽을 독 부수 : 言

讀　讀

총 22획 `丶 一 二 三 言 言 言 言 言 言`
`讀 讀 讀 讀 讀 讀 讀 讀 讀 讀`

글 서 부수 : 曰

書　書

총 10획 `フ コ ヨ ⺕ 聿 聿 書 書 書 書`

석 삼 부수 : 一

三　三

총 3획 `一 二 三`

어두울 매 부수 : 日

昧　昧

총 9획 `丨 冂 月 日 日⁻ 日⁻ 昁 昧 昧`

멋지게 쓰기

斷　機　之　教

멋지게 쓰기

讀　書　三　昧

멋지게 말하기

지금 여기서 학업을 포기한다면 **단기지교**가 될 것이다.
힘들지만 일정한 성과가 나올 때까지 계속 연구에
집중해야 한다.

멋지게 말하기

내가 가까이 가는 것도 모르고 그는 두꺼운 책에
얼굴을 쑤셔 박고 **독서삼매**에 빠져 있었다.

讀書尚友

책을 읽음으로써 옛 현인들과 벗이
될 수 있음을 이르는 말.

읽을 독　　　　　　　　　　부수 : 言

讀　讀

총 22획　

글 서　　　　　　　　　　부수 : 曰

書　書

총 10획　ㄱ ㄱ ㅋ ㅋ 聿 聿 書 書 書 書

오히려 상　　　　　　　　　부수 : 小

尚　尚

총 8획　丨 丷 小 小 尚 尚 尚 尚

벗 우　　　　　　　　　　부수 : 又

友　友

총 4획　一 ナ 方 友

멋지게 쓰기

멋지게 말하기

책을 읽는 사람은 **독서상우**하여 옛 성현을
자신의 스승으로 삼을 수 있다.

孟母斷機

맹자의 어머니가 베를 끊었다는 뜻으로 학업을
중도에서 그만둠을 훈계하는 말.

맏 맹　　　　　　　　　　부수 : 子

孟　孟

총 8획　ㄱ 了 子 子 舌 舌 孟 孟

어미 모　　　　　　　　　부수 : 毋

母　母

총 5획　ㄴ ㄐ 身 母 母

끊을 단　　　　　　　　　부수 : 斤

斷　斷

총 18획　

베틀 기　　　　　　　　　부수 : 木

機　機

총 16획　一 十 才 才 村 村 档 档 档
　　　　機 機 機 機 機 機

멋지게 쓰기

멋지게 말하기

자녀들의 학업을 위해서는 부모에게
맹모단기하는 엄격함이 필요하다.

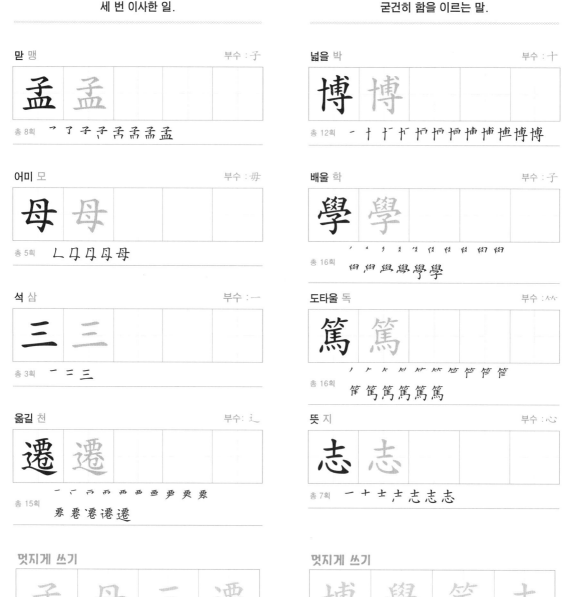

맹모삼천
孟母三遷

맹자의 어머니가 맹자를 잘 가르치기 위하여 세 번 이사한 일.

맏 맹 부수 : 子

孟 孟

총 8획 ㇇ 了 子 子 孟 孟 孟 孟

어미 모 부수 : 毋

母 母

총 5획 ㇄ 母 母 母 母

석 삼 부수 : 一

三 三

총 3획 一 二 三

옮길 천 부수 : 辶

遷 遷

총 15획 遷 遷 遷 遷 遷 遷 遷 遷 遷 遷 遷 遷 遷 遷 遷

멋지게 쓰기

孟	母	三	遷

멋지게 말하기

맹모삼천이라고 자녀가 교육받는 환경이 매우 중요하다.

박학독지
博學篤志

널리 공부하여 덕을 닦으려고 뜻을 굳건히 함을 이르는 말.

넓을 박 부수 : 十

博 博

총 12획 一 十 博 博 博 博 博 博 博 博 博 博

배울 학 부수 : 子

學 學

총 16획 學 學 學 學 學 學 學 學 學 學 學 學 學 學 學 學

도타울 독 부수 : ⺮

篤 篤

총 16획 篤 篤 篤 篤 篤 篤 篤 篤 篤 篤 篤 篤 篤 篤 篤 篤

뜻 지 부수 : 心

志 志

총 7획 一 十 士 志 志 志 志

멋지게 쓰기

博	學	篤	志

멋지게 말하기

박사과정에 진학하려면 적어도 **박학독지**의 각오가 필요하다.

박학심문

博學審問

널리 배우고 자세하게 묻는다는 뜻으로, 배우는
사람이 반드시 명심해야 할 태도를 뜻하는 말.

넓을 박 　　　　　　　　　　　　　부수 : 十

博　博

총 12획　一 十 十 ナ 柿 柿 恒 博 博 博 博 博

배울 학 　　　　　　　　　　　　　부수 : 子

學　學

총 16획　´ ˊ ˋ ˢ ˢ ˢ ˢ ˢ ˢˢ ˢˢ
　　　　　㷴 㷴 與 學 學 學

살필 심 　　　　　　　　　　　　　부수 : 宀

審　審

총 15획　` ` 宀 宀 宀 宀 㝰 㝰 㝰
　　　　　審 審 審 審 審

물을 문 　　　　　　　　　　　　　부수 : 口

問　問

총 11획　丨 冂 冂 冂 門 門 門 門 問 問 問

반면교사

反面教師

다른 사람이나 사물의 부정적인 측면에서
가르침을 얻음을 이르는 말.

돌이킬 반 　　　　　　　　　　　　부수 : 又

反　反

총 4획　一 厂 厉 反

낯 면 　　　　　　　　　　　　　　부수 : 面

面　面

총 9획　一 丆 丆 丙 丙 面 面 面 面

가르칠 교 　　　　　　　　　　　　부수 : 攵

教　教

총 11획　ノ 㐅 㐅 孝 孝 孝 孝 孝 教 教 教

스승 사 　　　　　　　　　　　　　부수 : 巾

師　師

총 10획　´ ˊ ㇒ ㇒ 白 白 師 師 師 師

멋지게 쓰기

博　學　審　問

멋지게 말하기

학업에 뜻이 있다면, 학위를 취득하는 것에만
집착하지 말고 **박학심문**하는 태도를 지녀야 한다.

멋지게 쓰기

反　面　教　師

멋지게 말하기

그녀는 **반면교사**로 삼을 수 있는 사람들의 소비
생활을 예로 들어 소비자 교육을 실시하였다.

발분망식

發憤忘食

어떤 일을 해 내려고 끼니까지 잊을 정도로
열중하여 노력한다는 뜻.

필 발   부수 : 癶

發　發

총 12획　フ　フ　癶　癶　癶　癶　癶　癸　發　發　發　發

성낼 분   부수 : 忄

憤　憤

총 15획　丶　丶　忄　忄　忄　忄　忭　忭　惜　惜
惜　惜　惜　憤　憤

잊을 망   부수 : 心

忘　忘

총 7획　丶　亠　亡　亡　忘　忘　忘

밥 식   부수 : 食

食　食

총 9획　丿　人　人　今　今　今　食　食　食

백수북면

白首北面

배움에는 나이 제한이 없으므로 백발의 노인이
되어서도 배워야 함을 이르는 말이다.

흰 백   부수 : 白

白　白

총 5획　丿　丨　白　白　白

머리 수   부수 : 首

首　首

총 9획　丶　丷　丷　半　首　首　首　首　首

북녘 북   부수 : 匕

北　北

총 5획　丨　丬　才　汁　北

낯 면   부수 : 面

面　面

총 9획　一　ア　ア　丙　而　而　面　面　面

멋지게 쓰기

發	憤	忘	食

멋지게 쓰기

白	首	北	面

멋지게 말하기

이번 미경이의 승진은 회사 일에 **발분망식**의
노력을 기울여 왔던 대가이다.

멋지게 말하기

백수북면이라고 나이가 많아도 무엇이든지
배우고 익혀야 한다.

不恥下問

지위나 나이, 학식 따위가 자기보다 못한 사람에게
묻는 것을 부끄러워하지 않음을 뜻하는 말.

아니 불　　　　　　　　　　부수 : 一

不　不

총 4획　一フ不不

부끄러워할 치　　　　　　　부수 : 心

恥　恥

총 10획　一「FFF耳耳耳恥恥恥

아래 하　　　　　　　　　　부수 : 一

下　下

총 3획　一丁下

물을 문　　　　　　　　　　부수 : 口

問　問

총 11획　丨冂冂冃冃門門門門問問

멋지게 쓰기

不　恥　下　問

三遷之教

맹자의 교육을 위해 그 어머니가
집을 세 번 옮긴 일을 뜻하는 말.

석 삼　　　　　　　　　　　부수 : 一

三　三

총 3획　一二三

옮길 천　　　　　　　　　　부수 : 辶

遷　遷

총 15획　一丆丆两两西西要栗栗栗罨罨罨
遷遷

갈 지　　　　　　　　　　　부수 : 丿

之　之

총 4획　、ㄥ之之

가르칠 교　　　　　　　　　부수 : 攵

教　教

총 11획　ノ×ㅈ孝孝孝孝敎敎敎敎

멋지게 쓰기

三　遷　之　教

눈빛에 책을 읽었다는 뜻으로 힘든 환경에서도
열심히 공부함을 뜻하는 말.

손에서 책을 놓지 않는다는 뜻으로,
늘 글을 읽음을 이르는 말.

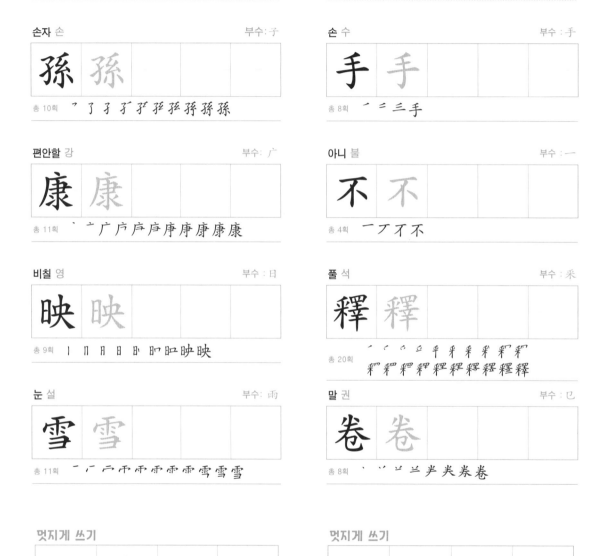

손자 손 　　　　　　　　　　　부수:子

孫　孫

총 10획　ㄱ 了 孑 孑 孖 孖 孫 孫 孫 孫

손 수 　　　　　　　　　　　부수:手

手　手

총 8획　ㄴ ㄷ 三 手

편안할 강 　　　　　　　　　　부수:广

康　康

총 11획　丶 ㄧ 广 庐 庐 庐 序 序 康 康 康

아니 불 　　　　　　　　　　　부수:一

不　不

총 4획　ㄱ フ 才 不

비칠 영 　　　　　　　　　　　부수:日

映　映

총 9획　ㅣ 冂 冂 日 日 旷 旷 映 映

풀 석 　　　　　　　　　　　부수:釆

釋　釋

총 20획　ㅗ ㄷ ㄷ 平 平 采 采 采 釆 釆
釆 釆 釆 釋 釋 釋 釋 釋 釋 釋

눈 설 　　　　　　　　　　　부수:雨

雪　雪

총 11획　一 ㄱ 尸 冋 币 雨 雨 雰 雪 雪 雪

말 권 　　　　　　　　　　　부수:㔾

卷　卷

총 8획　丶 丷 ㅛ 半 半 券 卷

멋지게 쓰기

孫　康　映　雪

멋지게 쓰기

手　不　釋　卷

멋지게 말하기

필식이는 집안 형편이 어려웠지만,
손강영설하여 행정고시에 합격하였다.

멋지게 말하기

어렸을 때부터 **수불석권**하더니만,
커서 작가가 되었구나!

십년한창

十年寒窓

십년 동안 쓸쓸한 창문이란 뜻으로
외부와 접촉을 끊고 학문에 정진함.

열 십　　　　　　　　　　부수 : 十

총 2획　一十

해 년　　　　　　　　　　부수 : 千

年　年

총 6획　ﾉ ﾉﾉ ﾉﾉ ﾉﾉ 生 年

찰 한　　　　　　　　　　부수 : 宀

寒　寒

총 12획　丶丶宀宀宀宀审审寒寒寒寒

창 창　　　　　　　　　　부수 : 穴

窓　窓

총 11획　丶丶宀宀宀宀穷穷窓窓窓

멋지게 쓰기

十 年 寒 窓

멋지게 말하기

학문에 뜻을 두어 큰 성과를 이루기 위해서는
십년한창하는 각오가 되어 있어야 한다.

암구명촉

暗衢明燭

어두운 거리에 밝은 등불이라는 뜻으로,
삶의 가르침을 주는 책을 이르는 말.

어두울 암　　　　　　　　부수 : 日

총 13획　丨冂冃日日`旷旷旷旷晤晤暗暗暗

네거리 구　　　　　　　　부수 : 行

총 24획　ﾉ ﾉ 彳 彳 彳 彳 彳 衧 衧 衢 衟
　　　　　衟 衟 衟 衟 衟 衟 衟 衢 衢 衢 衢 衢

밝을 명　　　　　　　　　부수 : 日

明　明

총 8획　丨冂日日旳明明明

촛불 촉　　　　　　　　　부수 : 火

총 17획　丶丷丬火灯灯灯灯灯燭
　　　　燭燭燭燭燭燭燭

멋지게 쓰기

暗 衢 明 燭

멋지게 말하기

철학자 니체가 쓴 저서들은 내 인생에서
암구명촉과 같다.

영설독서

映雪讀書

눈빛에 비쳐 책을 읽는다는 뜻으로,
가난을 무릅쓰고 학문함을 이르는 말.

비칠 영   부수:日

映	映		

총 9획   丨 冂 日 日 曰 町 盼 映 映

눈 설   부수:雨

雪	雪		

총 11획   一 一 一 币 币 币 而 雨 雪 雪 雪

읽을 독   부수:言

讀	讀		

총 22획   丶 二 亠 亖 言 言 言 訁 訂 讀 讀 讀
讀 讀 讀 讀 讀 讀 讀 讀 讀 讀

글 서   부수:日

書	書		

총 10획   一 ⁊ ⁊ ⁊ 聿 聿 書 書 書 書

멋지게 쓰기

映	雪	讀	書

멋지게 말하기

영식이는 어릴 적 집안 형편이 어려웠지만,
영설독서한 끝에 지금은 대학 교수가 되었다.

온고지신

溫故知新

옛것을 익히고 그것을 미루어서
새것을 안다는 뜻.

다뜻할 온   부수 : 氵

溫	溫		

총 13획   丶 丶 氵 氵 汩 汩 汩 浿 浿 浿 溫 溫 溫

연고 고   부수 : 攵

故	故		

총 9획   一 十 亠 古 古 古 故 故 故

알 지   부수 : 矢

知	知		

총 8획   丿 仁 仁 午 矢 知 知 知

새 신   부수 : 斤

新	新		

총 13획   丶 丶 亠 立 立 产 辛 亲 亲 新 新 新 新

멋지게 쓰기

溫	故	知	新

멋지게 말하기

미래를 정확히 알고 싶으면
온고지신하는 태도가 필요하다.

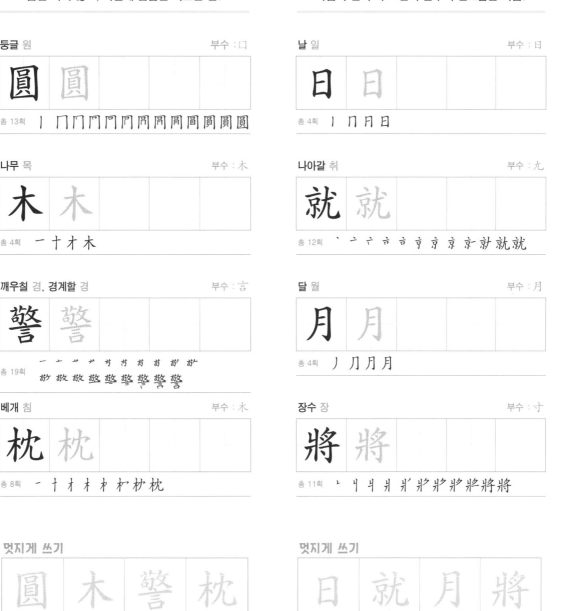

<table>
<tr><td colspan="2">

원목경침

圓木警枕

통나무로 베개 삼아 경각한다는 뜻으로,
잠을 자지 않고, 학문에 힘씀을 이르는 말.

둥글 원   부수 : 口

圓 圓

총 13획 丨 冂 冂 冃 冃 冃 冐 冏 冏 圓 圓 圓 圓

나무 목   부수 : 木

木 木

총 4획 一 十 才 木

깨우칠 경, 경계할 경   부수 : 言

警 警

총 19획 一 十 艹 艹 芍 芍 苟 苟 苟 苟 苟 敬 敬 敬 警 警 警 警 警

베개 침   부수 : 木

枕 枕

총 8획 一 十 才 木 木 枕 枕 枕

</td><td colspan="2">

일취월장

日就月將

날마다 달마다 성장하고 발전한다는 뜻으로,
학업이 날이 가고 달이 갈수록 진보함을 이름.

날 일   부수 : 日

日 日

총 4획 丨 冂 月 日

나아갈 취   부수 : 尢

就 就

총 12획 丶 亠 亠 亠 宀 宁 亨 京 京 尌 就 就

달 월   부수 : 月

月 月

총 4획 丿 月 月 月

장수 장   부수 : 寸

將 將

총 11획 丬 丬 爿 爿 爿 爿 爿 爿 將 將 將

</td></tr>
</table>

멋지게 쓰기

圓 木 警 枕

멋지게 말하기

이번 기말고사 때는 **원목경침**하여
좋은 성적을 받아야겠다.

멋지게 쓰기

日 就 月 將

멋지게 말하기

처음엔 한자에 대해 아무것도 몰랐지만, 날이면 달마다
일취월장하여, 결국 한자 공인급수를 취득하게 되었다.

자고현량

刺股懸梁

허벅다리를 찌르고, 머리털을 대들보에 묶는다는
뜻으로, 분발하여 열심히 공부함을 이르는 말.

찌를 자   부수 : 刂

刺 刺

총 8획   一 ㄱ ㄇ 市 朿 束 刾 刺

넓적다리 고   부수 : 月

股 股

총 8획   丿 刀 月 月 月 肌 股 股

달 현   부수 : 心

懸 懸

총 20획   丨 ㄇ ㄇ 目 目 且 県 県 県
県 県 県 県 県 縣 縣 縣 懸 懸 懸

들보 량   부수 : 木

梁 梁

총 11획   丶 丶 氵 氵 汈 汈 㳂 汷 梁 梁 梁

장수유식

藏修遊息

학문을 전심으로 닦음. 공부할 때는 물론
쉴 때도 학문을 닦는 것을 항상 마음에 둠.

감출 장   부수 : 艹

藏 藏

총 18획   一 十 艹 艹 芒 萨 萨 藏 萨 萨 萨 萨
萨 萨 藏 藏 藏

닦을 수   부수 : 亻

修 修

총 10획   丿 亻 亻 亻 仒 攸 攸 修 修 修

놀 유   부수 : 辶

遊 遊

총 13획   丶 丶 亍 方 扩 扩 斿 斿 斿 游 游 游 遊

쉴 식   부수 : 心

息 息

총 10획   丿 亻 冂 白 白 自 自 息 息 息

멋지게 쓰기

刺 股 懸 梁

멋지게 쓰기

藏 修 遊 息

멋지게 말하기

그는 **자고현량**의 노력 끝에,
결국 의대에 합격할 수 있었다.

멋지게 말하기

독창적인 학자가 되려면,
장수유식의 각오가 되어있어야 한다.

절차탁마
切磋琢磨

옥돌을 자르고 줄로 쓸고 끌로 쪼고 갈아
빛을 낸다는 뜻으로, 학문이나 인격을 갈고 닦음.

끊을 절 · · · · · · · · · · · · · · · · · · 부수 : 刀

切 切

총 4획　一 七 切 切

갈 차 · · · · · · · · · · · · · · · · · · 부수 : 石

磋 磋

총 15획　一 ア ズ 石 石 石 石゙ 矴 矴 砝 砝 磋 磋 磋

다듬을 탁 · · · · · · · · · · · · · · · · · · 부수 : 王

琢 琢

총 12획　一 二 Ŧ 王 玉 玘 玑 玥 玥 琢 琢 琢

갈 마 · · · · · · · · · · · · · · · · · · 부수 : 石

磨 磨

총 16획　一 广 广 广 庐 庐 庐 庐 磨 麻 麻 麻 磨 磨 磨 磨

멋지게 쓰기

切 磋 琢 磨

정심공부
正心工夫

마음을 가다듬어 배워 익히는 데
힘씀을 뜻하는 말.

바를 정 · · · · · · · · · · · · · · · · · · 부수 : 止

正 正

총 5획　一 丁 F 正 正

마음 심 · · · · · · · · · · · · · · · · · · 부수 : 心

心 心

총 4획　丶 心 心 心

장인 공 · · · · · · · · · · · · · · · · · · 부수 : 工

工 工

총 3획　一 丁 工

지아비 부 · · · · · · · · · · · · · · · · · · 부수 : 大

夫 夫

총 3획　一 二 手 夫

멋지게 쓰기

正 心 工 夫

멋지게 말하기
사람의 역량이 한 순간에 완성되진 않는다.
수년간의 **절차탁마**가 있어야 전문가로서 격이
갖추어지게 된다.

멋지게 말하기
유교의 수신은 마음을 바르게 하는
정심공부가 기본이다.

주경야독
晝耕夜讀

낮에는 농사짓고 밤에는 공부한다는 뜻으로,
바쁜 틈을 타서 어렵게 공부함을 이르는 말.

낮 주   부수 : 日

晝 晝

총 11획 　一ㄱㄱ書書書書書書書書書

밭 갈 경   부수 : 耒

耕 耕

총 10획 　一二三丰耒耒耒耒耕耕

밤 야   부수 : 夕

夜 夜

총 8획 　丶一广亇疒夜夜夜

읽을 독   부수 : 言

讀 讀

총 22획 　丶一二言言言言言言讀讀
讀讀讀讀讀讀讀讀讀讀讀

멋지게 쓰기

晝 耕 夜 讀

천학과문
淺學寡聞

아는 것이 얕고, 들은 것이 적다는 뜻으로,
배움이 모자라 지식이 부족한 것을 이르는 말.

얕을 천   부수 : 氵

淺 淺

총 11획 　丶丶氵氵汁汁汁汁汁淺淺

배울 학   부수 : 子

學 學

총 16획

적을 과   부수 : 宀

寡 寡

총 14획

들을 문   부수 : 耳

聞 聞

총 14획

멋지게 쓰기

淺 學 寡 聞

멋지게 말하기

직장인이 퇴근 후 대학원에 다니는 것은,
주경야독에 비유할 수 있다.

멋지게 말하기

그는 비록 **천학과문**하지만,
사리판단이 빠르고 경우가 밝다.

청경우독

晴耕雨讀

갠 날에 농사일하고, 비 오는 날에는 책을 읽는다는
뜻으로, 일하면서 틈나는 대로 공부함을 뜻함.

갤 청　　　　　　　　　　　부수 : 日

晴　晴

총 12획　丨 刂 刂 日 日⁻ 日￣ 日丰 晴 晴 晴 晴 晴

발 갈 경　　　　　　　　　　부수 : 耒

耕　耕

총 10획　一 二 三 丰 耒 耒 耒 耒 耒三 耕 耕

비 우　　　　　　　　　　　부수 : 雨

雨　雨

총 8획　一 冂 冂 币 雨 雨 雨 雨

읽을 독　　　　　　　　　　부수 : 言

讀　讀

총 22획　丶 丶 二 二 言 言 言 言 訁 訁 讀 讀
讀 讀 讀 讀 讀 讀 讀 讀 讀 讀

멋지게 쓰기

晴　耕　雨　讀

폐침망식

廢寢忘食

잠을 안 자고, 밥 먹는 것도 잊는다는 뜻으로,
매우 열심히 공부함을 이르는 말.

폐할 폐　　　　　　　　　　부수 : 广

廢　廢

총 15획　丶 宀 广 广 广 庐 庐 庐 庐 庐 庐
廃 廃 廃 廃 廢

잘 침　　　　　　　　　　　부수 : 宀

寢　寢

총 14획　丶 宀 宀 宀 宀 宁 宇 宇 宇 宇
宇 宇 寢 寢

잊을 망　　　　　　　　　　부수 : 心

忘　忘

총 7획　丶 二 亡 亡 忘 忘 忘

밥 식　　　　　　　　　　　부수 : 食

食　食

총 9획　丿 人 人 今 今 今 食 食 食

멋지게 쓰기

廢　寢　忘　食

멋지게 말하기

그는 직장에 다니면서도, **청경우독**한 끝에,
공인회계사 시험에 합격했다.

멋지게 말하기

그는 3년간의 **폐침망식** 끝에,
결국 변호사시험에 합격하였다.

학여역수
學如逆水

배움이란 마치 물을 거슬러 배를 젓는 것과 같다는
뜻으로, 앞으로 나아가지 않으면 퇴보한다는 뜻.

배울 학   부수:子

學 學

총 16획   臼 臼 與 與 學 學

같을 여   부수:女

如 如

총 6획   乀 乄 女 女 如 如

거스릴 역   부수:辶

逆 逆

총 10획   丷 丷 丷 屰 屰 屰 逆 逆 逆 逆

물 수   부수:水

水 水

총 4획   亅 水 水 水

멋지게 쓰기

學 如 逆 水

멋지게 말하기

방학이라고 공부를 게을리 했더니,
어머니로부터 **학여역수**라는 말을 들었다.

학이시습
學而時習

배우고 때로 익힌다는 뜻으로, 배운 것을 항상
복습하고 연습하면 그 참 뜻을 알게 됨.

배울 학   부수:子

學 學

총 16획   臼 臼 與 與 學 學

말 이을 이   부수:而

而 而

총 6획   一 丆 历 而 而 而

때 시   부수:日

時 時

총 10획   丨 𠘨 日 日 日 日 时 时 時 時

익힐 습   부수:羽

習 習

총 11획   𠃌 𠃌 ⺱ 羽 羽 羽 羽 習 習 習 習

멋지게 쓰기

學 而 時 習

멋지게 말하기

제아무리 난해한 내용의 학문일지라도
학이시습하면 결국 일정한 경지에 도달하게 된다.

현두자고 懸頭刺股

머리를 매달고 다리를 찔러가며
열심히 공부함을 이르는 말.

달 현　　　　　　　　　　부수 : 心

懸　懸

총 20획　丿 冂 冃 目 目 且 貝 県 県
県 県 県 県 県 県 県 県 懸 懸 懸

머리 두　　　　　　　　　부수 : 頁

頭　頭

총 16획　一 厂 戸 戸 豆 豆 豆 頭 頭
頭 頭 頭 頭 頭 頭 頭

찌를 자　　　　　　　　　부수 : 刂

刺　刺

총 8획　一 丆 冂 朿 束 束 刺 刺

넓적다리 고　　　　　　　부수 : 月

股　股

총 8획　丿 刀 月 月 刖 肌 股 股

멋지게 쓰기

懸　頭　刺　股

멋지게 말하기

이번 중간고사 시험에서 1등을 하기 위해
현두자고하였지만, 아쉽게도 2등을 하였다.

현량자고 懸梁刺股

머리털을 대들보에 묶고 허벅지를 찌른다는 뜻으로
분발하여 열심히 공부함을 비유.

달 현　　　　　　　　　　부수 : 心

懸　懸

총 20획　丿 冂 冃 目 目 且 貝 県 県
県 県 県 県 県 県 県 県 懸 懸 懸

들보 량　　　　　　　　　부수 : 木

梁　梁

총 11획　丶 丶 氵 汀 汈 汈 渁 涩 梁 梁 梁

찌를 자　　　　　　　　　부수 : 刂

刺　刺

총 8획　一 丆 冂 朿 束 束 刺 刺

넓적다리 고　　　　　　　부수 : 月

股　股

총 8획　丿 刀 月 月 刖 肌 股 股

멋지게 쓰기

懸　梁　刺　股

멋지게 말하기

슬비는 **현량자고**를 실천하였기에 꿈을 이루어
성공할 수 있었다.

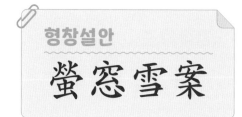

형설지공

螢雪之功

반딧불과 눈빛으로 이룬 공이라는 뜻으로
고생속에서도 꾸준히 공부하여 얻은 보람을 말함.

형창설안

螢窓雪案

반딧불이 비치는 창과 눈에 비치는 책상이라는
뜻으로, 어려운 가운데서도 학문에 힘씀을 비유한 말.

| 반딧불이 형 | | | 부수 : 虫 |

螢　螢

총 16획　丶　丷　ﾘ　ﾘ　ﾘ　ﾘ　炒　炒　炒　蚣
燃燃燃燃燃螢螢

| 눈 설 | | | 부수 : 雨 |

雪　雪

총 11획　一　厂　厈　雨　雨　雪　雪　雪　雪　雪　雪

| 갈 지 | | | 부수 : ﾉ |

之　之

총 4획　丶　一　ﾗ　之

| 공 공 | | | 부수 : 力 |

功　功

총 5획　一　丁　工　功　功

| 반딧불이 형 | | | 부수 : 虫 |

螢　螢

총 16획　丶　丷　ﾘ　ﾘ　ﾘ　ﾘ　炒　炒　炒　蚣
燃燃燃燃燃螢螢

| 창 창 | | | 부수 : 穴 |

窓　窓

총 11획　丶　丷　宀　宀　空　空　空　窓　窓　窓　窓

| 눈 설 | | | 부수 : 雨 |

雪　雪

총 11획　一　厂　厈　雨　雨　雪　雪　雪　雪　雪　雪

| 책상 안 | | | 부수 : 木 |

案　案

총 10획　丶　丷　宀　宀　安　安　安　案　案　案

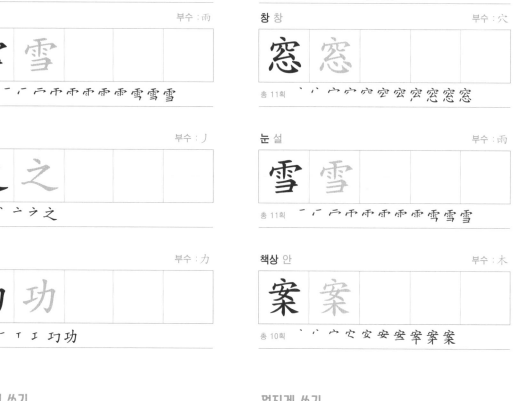

멋지게 쓰기

螢　雪　之　功

멋지게 쓰기

螢　窓　雪　案

멋지게 말하기

한 분야에서 두각을 나타내려면
형설지공의 의지가 필요하다.

멋지게 말하기

해창이는 가난한 환경에서도 **형창설안**의 신념으로
공부에 몰두하여 대학교에 입학하는 데 성공했다.

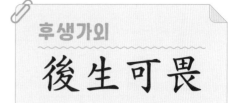

호학불권
好學不倦

학문을 좋아하여 책 읽기에 게으름이 없음.

후생가외
後生可畏

뒤에 난 사람은 두려워할 만하다는 뜻으로
부지런한 후배는 선배를 능가할 수 있다는 뜻.

좋을 호   부수 : 女

好 好

총 6획   く 女 女 妇 好 好

뒤 후   부수 : 彳

後 後

총 9획   ノ ｸ 彳 彳 彳 彳 徉 移 後

배울 학   부수 : 子

學 學

총 16획   ′ ′ ′ ′ ′ ′ ′ ′ 阳 阳
學 學 與 學 學

날 생   부수 : 彳

生 生

총 5획   ノ 一 宀 牛 生

아니 불   부수 : 一

不 不

총 4획   一 ア 才 不

옳을 가   부수 : 口

可 可

총 5획   一 一 戸 ロ 可

게으를 권   부수 : 亻

倦 倦

총 10획   ノ 亻 亻 仁 仁 仁 伊 侏 倦 倦

두려워할 외   부수 : 田

畏 畏

총 9획   丶 ロ 日 田 田 甼 胃 畏 畏

멋지게 쓰기

好 學 不 倦

멋지게 쓰기

後 生 可 畏

일론 머스크는 어린 시절부터 **호학불권**이었기에
성공할 수 있었다.

소설가의 신작은 **후생가외**의 천재성을 입증하는
작품으로 소개되었다

각곡유목 : 고니를 조각하다 집오리와 비슷하게 된다. 노력하다 보면 작은 성과라도 이룬다는 뜻.

고궁독서 : 어려운 처지에도 기꺼이 글을 읽음.

곡학아세 : 바르지 못한 학문으로 세속의 인기에 영합하려 애씀.

곤이지지 : 고생하며 공부한 끝에 지식을 얻거나 도를 깨달음.

교학상장 : 가르치고 배우는 과정에서 스승과 제자가 함께 성장함.

권학강문 : 학문을 권장하며 공부에 힘쓰게 함.

단기지계 : 학문을 하다가 중도에 그만두면 아무 쓸모가 없다는 말.

단기지교 : 짜던 베의 날을 칼로 끊어 버린다는 뜻으로, 학문을 중도에서 그만두면 아무 쓸모가 없음을 이르는 말.

독서삼매 : 오직 책을 읽는 데에만 골몰하여 아무런 잡념이 일어나지 않는 상태를 말함.

독서상우 : 책을 읽음으로써 옛 현인들과 벗이 될 수 있음을 이르는 말.

맹모단기 : 맹자의 어머니가 베를 끊었다는 뜻으로 학업을 중도에서 그만둠을 훈계하는 말.

맹모삼천 : 맹자의 어머니가 맹자를 잘 가르치기 위하여 세 번 이사한 일.

박학독지 : 널리 공부하여 덕을 닦으려고 뜻을 굳건히 함을 이르는 말.

박학심문 : 널리 배우고 자세하게 묻는다는 뜻으로, 배우는 사람이 반드시 명심해야 할 태도를 뜻하는 말.

발분망식 : 어떤 일을 해내려고 끼니까지 잊을 정도로 열중하여 노력한다는 뜻.

백수북면 : 배움에는 나이 제한이 없으므로 백발의 노인이 되어서도 배워야 함을 이르는 말이다.

삼천지교 : 맹자의 교육을 위해 그 어머니가 집을 세 번 옮긴 일을 뜻하는 말.

손강영설 : 손강이 눈빛에 책을 읽었다는 뜻으로 힘든 환경에서도 열심히 공부함을 뜻하는 말.

수불석권 : 손에서 책을 놓지 않는다는 뜻으로, 늘 글을 읽음을 이르는 말.

십년한창 : 십년 동안 쓸쓸한 창문이란 뜻으로 외부와 접촉을 끊고 학문에 정진함.

암구명촉 : 어두운 거리에 밝은 등불이라는
뜻으로, 삶의 가르침을 주는 책을 이르는 말.

영설독서 : 눈빛에 비쳐 책을 읽는다는
뜻으로, 가난을 무릅쓰고 학문함을 이르는 말.

온고지신 : 옛것을 익히고 그것을 미루어서
새것을 안다는 뜻.

원목경침 : 통나무로 베개 삼아 경각한다는
뜻으로, 밤잠을 자지 않고, 학문에 힘씀을
이르는 말.

일취월장 : 날마다 달마다 성장하고
발전한다는 뜻으로, 학업이 날이 가고 달이
갈수록 진보함을 이름.

자고현량 : 허벅다리를 찌르고, 머리털을
대들보에 묶는다는 뜻으로, 분발하여 열심히
공부함을 이르는 말.

장수유식 : 학문을 전심으로 닦음. 공부할
때는 물론 쉴 때도 학문을 닦는 것을 항상
마음에 둠.

절차탁마 : 옥돌을 자르고 줄로 쓸고 끌로
쪼고 갈아 빛을 낸다는 뜻으로, 학문이나
인격을 갈고 닦음.

정심공부 : 마음을 가다듬어 배워 익히는 데
힘씀을 뜻하는 말.

주경야독 : 낮에는 농사짓고 밤에는
공부한다는 뜻으로, 바쁜 틈을 타서 어렵게
공부함을 이르는 말.

천학과문 : 아는 것이 얕고, 들은 것이 적다는 뜻으로, 배움이 모자라 지식이 부족한 것을 이르는 말.

현량자고 : 머리털을 대들보에 묶고 허벅지를 찌른다는 뜻으로 분발하여 열심히 공부함을 비유.

청경우독 : 갠 날에 농사일하고, 비 오는 날에는 책을 읽는다는 뜻으로, 일하면서 틈나는 대로 공부함을 뜻함.

형설지공 : 반딧불과 눈빛으로 이룬 공이라는 뜻으로 고생속에서도 꾸준히 공부하여 얻은 보람을 말함.

폐침망식 : 잠을 안 자고, 밥 먹는 것도 잊는다는 뜻으로, 매우 열심히 공부함을 이르는 말.

형창설안 : 반딧불이 비치는 창과 눈에 비치는 책상이라는 뜻으로, 어려운 가운데서도 학문에 힘씀을 비유한 말.

학여역수 : 배움이란 마치 물을 거슬러 배를 젓는 것과 같다는 뜻으로, 앞으로 나아가지 않으면 퇴보한다는 뜻.

호학불권 : 학문을 좋아하여 책 읽기에 게으름이 없음.

학이시습 : 배우고 때로 익힌다는 뜻으로, 배운 것을 항상 복습하고 연습하면 그 참 뜻을 알게 됨.

후생가외 : 뒤에 난 사람은 두려워할 만하다는 뜻으로 부지런한 후배는 선배를 능가할 수 있다는 뜻.

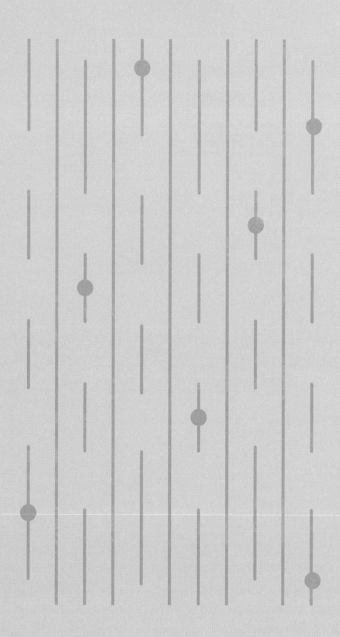

여섯째 마당

지혜는 정리된 너의 인생

지혜

老馬之智

늙은 말의 지혜라는 뜻으로,
연륜이 깊으면 나름의 장점과 특기가 있음.

늙을 로　　　　　　　　부수:老

老	老			

총 6획　一 十 土 耂 耂 老

말 마　　　　　　　　부수:馬

馬	馬			

총 10획　一 厂 厂 厂 厂 馬 馬 馬 馬 馬

갈 지　　　　　　　　부수:丿

之	之			

총 4획　丶 一 ラ 之

슬기 지　　　　　　　부수:日

智	智			

총 12획　丿 广 二 午 矢 矢 知 知 知 智 智 智

멋지게 쓰기

> **멋지게 말하기**
>
> 신입사원들이 **노마지지**를 가진 선배들로부터
> 배우며 빠르게 성장하는 모습이 인상적이다.

明智的見

환하게 알고 똑똑히 봄.
또는 밝은 지혜와 적확한 견해

밝을 명　　　　　　　부수 : 日

明	明			

총 8획　丨 冂 日 日 日 明 明 明

슬기 지　　　　　　　부수 : 日

智	智			

총 12획　丿 广 二 午 矢 矢 知 知 知 智 智 智

과녁 적　　　　　　　부수 : 白

的	的			

총 8획　丿 丨 白 白 白 的 的 的

볼 견　　　　　　　　부수 : 見

見	見			

총 7획　丨 冂 日 日 目 目 見

멋지게 쓰기

> **멋지게 말하기**
>
> 지식과 경험을 많이 축적한 사람은 어떠한
> 상황에서도 **명지적견**할 수 있다

明哲保身

총명하여 도리와 지혜를 좇아 사물을 처리하고,
몸을 온전히 보전한다는 뜻.

밝을 명　　　　　　　부수 : 日

明　明

총 8획　丨 冂 日 日 旫 明 明 明

밝을 철　　　　　　　부수 : 口

哲　哲

총 10획　一 十 扌 扌 扩 折 折 折 哲 哲

지킬 보　　　　　　　부수 : 亻

保　保

총 9획　丿 亻 亻 伫 俨 仴 仴 保 保

몸 신　　　　　　　부수 : 身

身　身

총 7획　丿 亻 冂 冃 自 身 身

멋지게 쓰기

明　哲　保　身

無分別智

올바르게 진여를 체득하여 모든 생각과
분별을 초월한 모양 없는 참 지혜.

없을 무　　　　　　　부수 : 灬

無　無

총 12획　丿 亻 二 仁 仨 無 無 無 無 無 無 無

나눌 분　　　　　　　부수 : 刀

分　分

총 4획　丿 八 分 分

나눌 별　　　　　　　부수 : 刂

別　別

총 7획　丶 冂 口 另 別 別 別

슬기 지　　　　　　　부수 : 日

智　智

총 12획　丿 亻 二 夕 矢 知 知 知 知 智 智 智

멋지게 쓰기

無　分　別　智

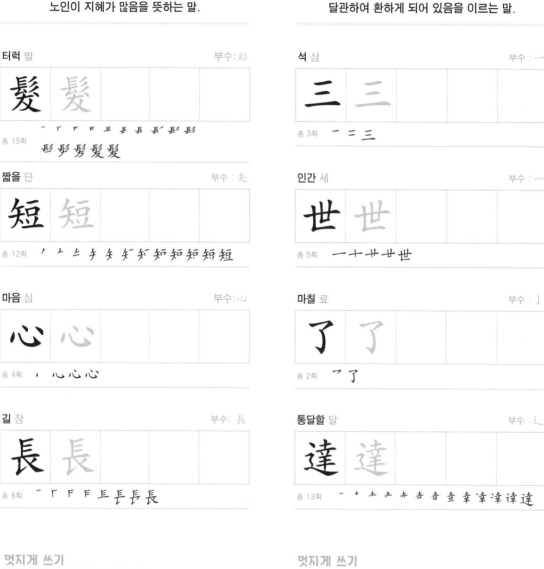

髮短心長

머리털은 빠져서 짧으나 마음은 길다는 뜻으로
노인이 지혜가 많음을 뜻하는 말.

터럭 발　　　　　　　　부수:髟

髮　髮

총 15획　　`ー ｒ ｒ ｒ ｒ ｒ ｒ 長 髟 髟`
髟 髟 髟 髮 髮

짧을 단　　　　　　　　부수:矢

短　短

총 12획　`ノ ノ �ㇴ 午 矢 矢 知 知 知 短 短 短`

마음 심　　　　　　　　부수:心

心　心

총 4획　`ノ 心 心 心`

길 장　　　　　　　　부수:長

長　長

총 8획　`ー ㇒ ㇒ ㇒ ㇒ 長 長 長`

멋지게 쓰기

髮　短　心　長

멋지게 말하기

할아버지는 **발단심장**의 지혜로움으로 어려운
상황들을 이겨나갈 수 있었다.

三世了達

모든 부처의 지혜가 과거 · 현재 · 미래의 삼세를
달관하여 환하게 되어 있음을 이르는 말.

석 삼　　　　　　　　부수:一

三　三

총 3획　`ー ニ 三`

인간 세　　　　　　　　부수:一

世　世

총 5획　`ー 十 丗 丗 世`

마칠 료　　　　　　　　부수:亅

了　了

총 2획　`㇖ 了`

통달할 달　　　　　　　　부수:辶

達　達

총 13획　`ー 十 土 吉 幸 幸 幸 達 達 達 達`

멋지게 쓰기

三　世　了　達

멋지게 말하기

삼세요달은 불교 용어로 부처님의 지혜가
과거. 현재. 미래 삼세에 통달했다는 뜻이다.

124

삼인문수

三人文殊

세 사람이 모여서 의논하면, 지혜를 다스리는
문수보살과 같은 좋은 생각이 떠오른다는 말.

석 삼   부수 : 一

三	三		

총 3획 一 二 三

사람 인   부수 : 人

人	人		

총 2획 丿 人

글월 문   부수 : 文

文	文		

총 4획 丶 一 ナ 文

다를 수   부수 : 歹

殊	殊		

총 10획 一 ７ 歹 歹 歹 歹 殊 殊 殊 殊

멋지게 쓰기

三	人	文	殊

멋지게 말하기

삼인문수라고, 혼자 고민하는 것보다야 여러 사람이
함께 고민하는 편이 더 좋은 아이디어를 도출해낼
수 있을 것이다.

상구보리

上求菩提

위로 보리의 지혜를 구해 닦는 일.
또는 깨달음을 얻기 위해 노력하는 일.

윗 상   부수 : 一

上	上		

총 3획 丨 卜 上

구할 구   부수 : 水

求	求		

총 7획 一 十 寸 才 求 求 求

보살 보   부수 : 艹

菩	菩		

총 12획 一 十 艹 艹 艹 艹 菩 菩 苙 苙 菩 菩

끌 제(리)   부수 : 扌

提	提		

총 12획 一 十 才 扌 押 押 押 捏 捏 提 提

멋지게 쓰기

上	求	菩	提

멋지게 말하기

진정한 깨달음을 얻기 위해
상구보리의 정신으로 노력해야 한다

125

先見之明

앞을 내다보는 안목, 또는 지혜라는 뜻으로, 장래를
미리 예측하는 날카로운 견식을 두고 이르는 말.

먼저 선　　　　　　　　부수 : 儿

先　先

총 6획　ノ　ㅗ　ㅛ　生　生　先

볼 견　　　　　　　　부수 : 見

見　見

총 7획　丨　冂　冃　月　目　貝　見

갈 지　　　　　　　　부수 : ノ

之　之

총 4획　丶　亠　ラ　之

밝을 명　　　　　　　　부수 : 日

明　明

총 11획　丨　冂　月　日　旫　明　明　明

멋지게 쓰기

先　見　之　明

禪悅爲食

선(禪)의 희열을 음식으로 삼는다는 뜻

고요할 선　　　　　　　　부수 : 示

禪　禪

총 17획　丶　二　亍　亓　示　矛　矜　矜　矜　矜　禪
禪　禪　禪

기쁠 열　　　　　　　　부수 : 忄

悅　悅

총 10획　丶　丷　忄　忄　忄　忚　悦　悦　悦　悅

할 위　　　　　　　　부수 : 爫

爲　爲

총 12획　丶　丷　丷　爫　尹　尹　爲　爲　爲　爲　爲

밥 식　　　　　　　　부수 : 食

食　食

총 9획　ノ　入　仌　今　今　食　食　食　食

멋지게 쓰기

禪　悅　爲　食

멋지게 말하기

한 기업의 CEO라면, 한국 경제 전반과
시장 흐름에 대한 **선견지명**이 있어야 한다.

멋지게 말하기

나를 다스리고 수행하려면, **선열위식**과 같은 마음과
비움의 자세가 필요하다.

연촉겁지

延促劫智

자기 생각대로 거침없이 겁을 늘리기도 하고
줄이기도 하는 부처의 지혜.

늘일 연 　　　　　　　　　　　　부수 : 廴

延　延

총 7획　ノ 彡 千 正 延 延 延

재촉할 촉 　　　　　　　　　　　부수 : 亻

促　促

총 9획　ノ 亻 个 俨 俨 俨 佀 促 促

위협할 겁 　　　　　　　　　　　부수 : 力

劫　劫

총 7획　一 十 土 去 去 刧 劫

슬기 지 　　　　　　　　　　　　부수 : 日

智　智

총 12획　ノ ト ヒ ケ 矢 矢 知 知 知 智 智 智

인의예지

仁義禮智

사람으로서 갖추어야 할 네 가지 마음가짐,
곧 어짊과 의로움과 예의와 지혜.

어질 인 　　　　　　　　　　　　부수 : 亻

仁　仁

총 4획　ノ 亻 仁 仁

옳을 의 　　　　　　　　　　　　부수 : 羊

義　義

총 13획　丶 丷 亠 平 平 羊 差 羊 羊 義 義 義

예도 례 　　　　　　　　　　　　부수 : 示

禮　禮

총 18획　一 二 亍 禾 禾 礻 和 袖 袖 袖 袖 禮 禮
禮 禮 禮 禮

슬기 기 　　　　　　　　　　　　부수 : 日

智　智

총 12획　ノ ト ヒ ケ 矢 矢 知 知 知 智 智 智

멋지게 쓰기

延　促　劫　智

멋지게 쓰기

仁　義　禮　智

멋지게 말하기

우주를 다스리는 부처님의 자비와 지혜는
연촉겁지라 할 수 있다.

멋지게 말하기

가족 사이에서도 **인의예지**를 실천함으로써 서로에
대한 존중과 사랑을 실천해야 한다.

자각성지
自覺聖智

스승 없이 스스로 깨쳐 얻은 지혜를 말함.

스스로 자　　　　　　　부수 : 自

自　自

총 6획　′ 亻 冂 冋 自 自

깨달을 각　　　　　　　부수 : 見

覺　覺

총 20획　′ ′ ′ ′ ′ ′ ′ ′ ′ ′
𦥑 𦥑 與 與 與 舋 臀 臀 覺

성인 성　　　　　　　부수 : 耳

聖　聖

총 13획　一 丆 丨 耵 耵 耳 耶 耶 耶 聖 聖 聖 聖

슬기 지　　　　　　　부수 : 日

智　智

총 12획　′ ′ ′ ′ ′ 矢 知 知 知 智 智 智

멋지게 쓰기

自 覺 聖 智

(**멋지게 말하기**)

요즘은 인터넷이 발달해서 선생님
도움 없이도 **자각성지**할 수 있다.

자수용신
自受用身

수행이 완성되어 복덕과 지혜가 원만하고 밝아 늘
진리를 관조하여 스스로 그 법락을 받는 불신.

스스로 자　　　　　　　부수 : 自

自　自

총 6획　′ 亻 冂 冋 自 自

받을 수　　　　　　　부수 : 又

受　受

총 8획　′ ′ ′ ′ ′ ′ 受 受

쓸 용　　　　　　　부수 : 用

用　用

총 5획　丿 冂 刀 月 用

몸 신　　　　　　　부수 : 身

身　身

총 7획　′ 亻 冂 冋 身 身 身

멋지게 쓰기

自 受 用 身

(**멋지게 말하기**)

그녀는 세속을 떠나 출가하여
자수용신의 길을 걷고 있다

전대지재
專對之才

남의 물음에 지혜롭게 혼자 대답할 수 있어,
외국의 사신으로 보낼 만한 인재.

오로지 전   부수 : 寸

專	專		

총 11획   一 厂 戸 戸 車 車 車 重 重 專 專

대할 대   부수 : 寸

對	對		

총 14획   丶 丨 业 业 业 业 业 业 业
业 业 對 對

갈 지   부수 : 丿

之	之		

총 4획   丶 一 ラ 之

재주 재   부수 : 扌

才	才		

총 3획   一 十 才

멋지게 쓰기

專	對	之	才

멋지게 말하기

한결이는 다양한 학문을 터득한 결과 **전대지재**로
인정받아 장관으로 임명을 받았다

조작지지
鳥鵲之智

까치의 지혜라는 뜻으로,
하찮은 지혜를 비유해 이르는 말.

새 조   부수 : 鳥

鳥	鳥		

총 11획   丶 丿 冂 冃 冃 自 烏 烏 烏 烏 鳥

까치 작   부수 : 鳥

鵲	鵲		

총 19획   一 十 廿 芏 芏 芇 芇 昔 昔 㫺
䧿 䧿 䧿 鵲 鵲 鵲 鵲 鵲 鵲

갈 지   부수 : 丿

之	之		

총 4획   丶 一 ラ 之

슬기 지   부수 : 日

智	智		

총 12획   丿 一 二 チ 矢 知 知 知 知 智 智 智

멋지게 쓰기

鳥	鵲	之	智

멋지게 말하기

그런 **조작지지**로는 세상에 두각을
나타내는 데 역부족일 것이다.

지자불혹

知者不惑

지혜로운 사람은 이치에 밝으므로
어떤 사물에도 미혹되지 않는다는 의미.

알 지 부수:矢

知 知

총 8획 ノ 一 二 キ 矢 矢 知 知

놈 자 부수:耂

者 者

총 9획 一 十 土 耂 耂 者 者 者

아니 불 부수:一

不 不

총 4획 一 フ ナ 不

미혹할 혹 부수:心

惑 惑

총 12획 一 一 一 一 一 戸 或 或 或 惑 惑 惑

멋지게 쓰기

知 者 不 惑

멋지게 말하기

지자불혹이라고, 지혜로운 사람은
어떠한 말에도 성급하게 반응하지 않는다.

지혜이검

智慧利劍

지혜가 번뇌나 생사에 얽매임을 끊는 것을
잘 드는 칼에 비유하여 이르는 말.

슬기 지 부수:日

智 智

총 12획 ノ 一 二 キ 矢 矢 知 知 知 智 智 智

슬기로울 혜 부수:心

慧 慧

총 15획 一 一 三 丰 丰 丰 丰 彗 彗 彗
彗 彗 慧 慧 慧

이로울 이 부수:刂

利 利

총 7획 一 二 千 禾 禾 利 利

칼 검 부수:刂

劍 劍

총 15획 ノ 人 人 人 今 今 命 侖 侖 侖
侖 侖 僉 劍 劍

멋지게 쓰기

智 慧 利 劍

멋지게 말하기

대표님이 성공할 수 있었던 중요한 요인은
지혜이검과 같은 지혜와 단호한 결단 때문이었다

滄海遺珠

넓고 큰 바닷 속에 진주라는 뜻으로, 세상에 알려지지
않은 덕과 지혜가 높은 어진 사람을 말함.

큰 바다 창 　　　　　　　　　부수 : 氵

滄　滄

총 13획　　`丶丶氵汋泞沧沧沧沧滄滄滄

바다 해 　　　　　　　　　　　부수 : 氵

海　海

총 10획　`丶丶氵汇海海海海海

남길 유 　　　　　　　　　　　부수 : 辶

遺　遺

총 16획　`丶口中虫虫虫青青青青貴貴貴遺
遺遺

구슬 주 　　　　　　　　　　　부수 : 王

珠　珠

총 10획　`一三千王珇玤珓珠珠

멋지게 쓰기

滄　海　遺　珠

멋지게 말하기

김작가는 아직 세상에 이름이
알려지지 않은, **창해유주**다.

聰明叡智

듣지 못한 것이 없고, 보지 못한 것이 없으며, 통하지
않은 것이 없고, 알지 못하는 것이 없다는 뜻

귀 밝을 총 　　　　　　　　　부수 : 耳

聰　聰

총 17획　`一F尸尸月月月耳耶耶
聰聰聰聰聰聰聰

밝을 명 　　　　　　　　　　　부수 : 日

明　明

총 8획　丨冂日日旫明明明

밝을 예 　　　　　　　　　　　부수 : 又

叡　叡

총 16획　`丨止广宁宁宎宎宎宎
宎宎宎睿睿叡叡

슬기 지 　　　　　　　　　　　부수 : 日

智　智

총 12획　`丿丨二矢矢知知知智智智

멋지게 쓰기

聰　明　叡　智

한 나라의 군주는 **총명예지**의 덕목을 갖추어야
백성의 지지를 얻을 수 있다

노마지지 : 늙은 말의 지혜라는 뜻으로, 연륜이 깊으면 나름의 장점과 특기가 있음.

명지적견 : 환하게 알고 똑똑히 봄. 또는 밝은 지혜와 적확한 견해

명철보신 : 총명하여 도리와 지혜를 좇아 사물을 처리하고, 몸을 온전히 보전한다는 뜻.

부분별지 : 올바르게 진여를 체득하여 모든 생각과 분별을 초월한 모양 없는 참 지혜.

발단심장 : 늙어 머리털은 빠져 짧지만 마음은 길다는 뜻으로, 노인이 지혜가 많음을 비유적으로 이르는 말.

삼세요달 : 모든 부처의 지혜가 과거·현재· 미래의 삼세를 달관하여 환하게 되어 있음을 이르는 말.

삼인문수 : 평범한 인간이라도 세 사람이 모여서 의논하면, 지혜를 다스리는 문수보살과 같은 좋은 생각이 떠오른다는 말.

상구보리 : 위로 보리의 지혜를 구해 닦는 일. 또는 깨달음을 얻기위해 노력하는 일.

선견지명 : 앞을 내다보는 안목, 또는 지혜라는 뜻으로, 장래를 미리 예측하는 날카로운 견식을 두고 이르는 말.

선열위식 : 선(禪)의 희열을 음식으로 삼는다는 뜻.

연촉겁지 : 자기 생각대로 거침없이 겁을
늘리기도 하고 줄이기도 하는 부처의 지혜.

인의예지 : 사람으로서 갖추어야 할 네 가지
마음가짐, 곧 어짊과 의로움과 예의와 지혜.

자각성지 : 스승 없이 스스로 깨쳐 얻은
지혜를 말함.

자수용신 : 수행이 완성되어 복덕과 지혜가
원만하고 밝아 늘 진리를 관조하여 스스로 그
법락을 받는 불신.

전대지재 : 남의 물음에 지혜롭게 혼자 대답할
수 있어, 외국의 사신으로 보낼 만한 인재.

조작지지 : 까치의 지혜라는 뜻으로, 하찮은
지혜를 비유해 이르는 말.

지자불혹 : 지혜로운 사람은 이치에 밝으므로
어떤 사물에도 미혹되지 않는다는 의미.

지혜이검 : 지혜가 번뇌나 생사에 얽매임을
끊는 것을 잘 드는 칼에 비유하여 이르는 말.

창해유주 : 넓고 큰 바닷속에 진주라는
뜻으로, 세상에 알려지지 않은 덕과 지혜가
높은 어진 사람을 이르는 말.

총명예지 : 듣지 못한 것이 없고, 보지 못한
것이 없으며, 통하지 않은 것이 없고, 알지
못하는 것이 없다는 뜻으로, 성인(聖人)의 네
가지 덕을 이르는 말.

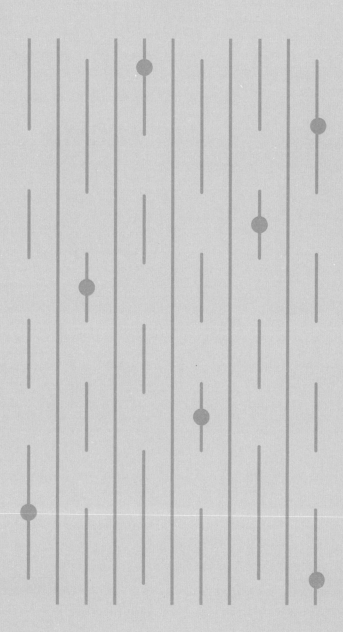

일곱째 마당

꿈을 파는 가게가 있다면

꿈

나부지몽

羅浮之夢

나부산(羅浮山)의 꿈이라는 뜻으로,
덧없는 한바탕의 꿈을 이르는 말.

남가지몽

南柯之夢

남쪽 가지 밑에서 꾼 한 꿈이라는 뜻으로, 일생과
부귀영화가 한낱 꿈에 지나지 않음을 뜻하는 말.

벌일 **라(나)**　　　　　부수 : 罒

羅 羅

총 19획 ` ` 冂 罒 罒 罒 罒 罒 罗
罗 罗 罗 罜 羅 羅 羅 羅 羅

뜰 **부**　　　　　부수 : 氵

浮 浮

총 10획 ` ` 冫 氵 氵 氵 氵 浮 浮 浮

갈 **지**　　　　　부수 : 丿

之 之

총 4획 ` 一 宀 之

꿈 **몽**　　　　　부수 : 夕

夢 夢

총 14획 一 十 ++ 艹 艹 芍 芍 芍 苗 苗 夢 夢 夢 夢

남녘 **남**　　　　　부수 : 十

南 南

총 9획 一 十 十 内 内 南 南 南 南

가지 **가**　　　　　부수 : 木

柯 柯

총 9획 一 十 才 木 朾 朾 枦 柯 柯

갈 **지**　　　　　부수 : 丿

之 之

총 4획 ` 一 宀 之

꿈 **몽**　　　　　부수 : 夕

夢 夢

총 14획 一 十 ++ 艹 艹 芍 芍 芍 苗 苗 夢 夢 夢 夢

멋지게 쓰기

羅 浮 之 夢

멋지게 쓰기

南 柯 之 夢

멋지게 말하기

로또에 너의 인생을 **나부지몽**하지 말고
열심히 꿈을 위해 가치 있는 일을 해라

멋지게 말하기

옳지 않은 방법으로 획득한 권력이나 부귀는
지나고 보면 **남가지몽**에 지나지 않다.

동상각몽
同床各夢

동상이몽
同床異夢

같은 침상에서 서로 다른 꿈을 꾼다는 뜻으로,
겉으로는 같이 행동하면서 속으로는 각기 딴 생각을
함을 이르는 말.

같은 침상에서 서로 다른 꿈을 꾼다는 뜻으로,
겉으로는 같이 행동하면서 속으로는 각기 딴 생각을
함을 이르는 말.

한가지 동   부수 : 口

同	同			

총 6획   丨 冂 冂 同 同 同

한가지 동   부수 : 口

同	同			

총 6획   丨 冂 冂 同 同 同

평상 상   부수 : 广

床	床			

총 7획   丶 一 广 广 庄 床 床

평상 상   부수 : 广

床	床			

총 7획   丶 一 广 广 庄 床 床

각각 각   부수 : 口

各	各			

총 6획   丿 夕 夂 冬 各 各

다를 이   부수 : 田

異	異			

총 11획   丶 口 曰 田 田 甼 甲 畀 畧 異 異

꿈 몽   부수 : 夕

夢	夢			

총 14획   一 十 艹 艹 莎 莎 夢 夢 萝 萝 萝 夢 夢

꿈 몽   부수 : 夕

夢	夢			

총 14획   一 十 艹 艹 莎 莎 夢 夢 萝 萝 萝 夢 夢

멋지게 쓰기

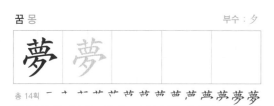

同	床	各	夢

멋지게 쓰기

同	床	異	夢

멋지게 말하기

두 정치인은 같은 당에 속해 있지만,
서로 **동상각몽**이다.

멋지게 말하기

이번 프로젝트에서 좋은 성과를 내려면,
무엇보다 단결이 중요한데, 안타깝게도 팀원들 사이에
동상이몽의 상황이 발생하였다.

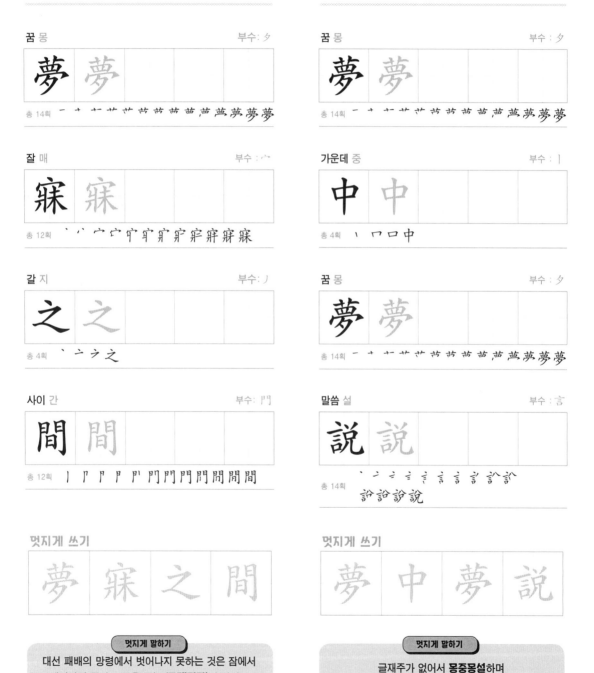

몽매지간
夢寐之間

잠을 자면서 꿈을 꾸는 동안이라는 뜻으로, 이룰 수
없는 일에 너무 지나치게 몰두함을 이르는 말.

꿈 몽   부수 : 夕

夢 夢

총 14획   一 十 十 艹 艹 苎 苎 苜 苜 莔 萠 夢 夢 夢

잘 매   부수 : 宀

寐 寐

총 12획   丶 丷 宀 宀 疒 疒 疒 寐 寐 寐 寐 寐

갈 지   부수 : 丿

之 之

총 4획   丶 亠 之 之

사이 간   부수 : 門

間 間

총 12획   丨 冂 冂 冂 門 門 門 門 問 問 間 間

멋지게 쓰기

夢 寐 之 間

몽중몽설
夢中夢説

꿈속에 꿈이야기를 하듯이 종잡을
수 없는 말을 함. 또는 그런 말.

꿈 몽   부수 : 夕

夢 夢

총 14획   一 十 十 艹 艹 苎 苎 苜 苜 莔 萠 夢 夢 夢

가운데 중   부수 : 丨

中 中

총 4획   丨 冂 口 中

꿈 몽   부수 : 夕

夢 夢

총 14획   一 十 十 艹 艹 苎 苎 苜 苜 莔 萠 夢 夢 夢

말씀 설   부수 : 言

説 説

총 14획   丶 丶 二 宁 言 言 言 訁 訁 訃 訃 訡 說 說

멋지게 쓰기

夢 中 夢 説

몽중상심
夢中相尋

몹시 그리워서 꿈에서까지 서로 찾는다는 뜻으로,
매우 친밀함을 이르는 말.

꿈 몽　　　　　　　　　　　　부수 : 夕

夢　夢

총 14획　一 十 十 艹 艹 艹 节 节 苗 苗 苗 莆 夢 夢

가운데 중　　　　　　　　　　부수 : 丨

中　中

총 4획　丨 口 口 中

서로 상　　　　　　　　　　　부수 : 目

相　相

총 9획　一 十 才 木 朾 朾 相 相 相

찾을 심　　　　　　　　　　　부수 : 寸

尋　尋

총 12획　コ ユ ヨ ヨ ヨ ヨ ヨ 尋 尋 尋 尋 尋

멋지게 쓰기

夢 中 相 尋

멋지게 말하기
태훈이와 정식이는 서로 **몽중상심**의 사이다.

몽중점몽
夢中占夢

꿈속에서 꿈을 점친다는 뜻으로,
사람의 인생이 덧없다는 의미.

꿈 몽　　　　　　　　　　　　부수 : 夕

夢　夢

총 14획　一 十 十 艹 艹 艹 节 节 苗 苗 苗 莆 夢 夢

가운데 중　　　　　　　　　　부수 : 丨

中　中

총 4획　丨 口 口 中

점령할 점　　　　　　　　　　부수 : 卜

占　占

총 5획　丨 卜 占 占 占

꿈 몽　　　　　　　　　　　　부수 : 夕

夢　夢

총 14획　一 十 十 艹 艹 艹 节 节 苗 苗 苗 莆 夢 夢

멋지게 쓰기

夢 中 占 夢

멋지게 말하기
사람이 자신의 미래를 점쳐보지만, 인생이라는 것이
덧없는 것이어서 결국 **몽중점몽**에 지나지 않는다.

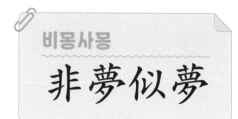

몽환포영
夢幻泡影

꿈과 허깨비, 거품과 그림자와 같다는 뜻으로,
인생의 헛되고 덧없음을 비유해 이르는 말.

꿈 몽
부수: 夕

夢 夢

총 14획 一 十 十 ゲ サ ゲ ゲ ゲ 並 苗 夢 夢 夢 夢

헛보일 환
부수: 幺

幻 幻

총 4획 ㄴ 幺 幺 幻

거품 포
부수: 氵

泡 泡

총 8획 丶 丶 氵 沪 沟 洵 泡 泡

그림자 영
부수: 彡

影 影

총 15획 丶 口 日 日 旦 尸 尽 景 景 影
景 景 影 影 影

멋지게 쓰기

夢 幻 泡 影

비몽사몽
非夢似夢

꿈인지 생시인지 어렴풋한 상태를 뜻함.

아닐 비
부수: 非

非 非

총 8획 丿 亅 刂 爿 爿 非 非 非

꿈 몽
부수: 幺

夢 夢

총 14획 一 十 十 ゲ サ ゲ ゲ ゲ 並 苗 夢 夢 夢 夢

닮을 사
부수: 亻

似 似

총 7획 丿 亻 亻 仴 仴 似 似

꿈 몽
부수: 夕

夢 夢

총 14획 一 十 十 ゲ サ ゲ ゲ ゲ 並 苗 夢 夢 夢 夢

멋지게 쓰기

非 夢 似 夢

삼도지몽

三刀之夢

칼 세 자루의 꿈이라는 뜻으로,
출세함을 이르는 말.

석 삼
부수 : 一

三 三

총 3획 一 二 三

칼 도
부수 : 刀

刀 刀

총 2획 丁 刀

갈 지
부수 : 丿

之 之

총 4획 丶 一 ㇀ 之

꿈 몽
부수 : 夕

夢 夢

총 14획 一 十 十 芒 芦 节 茜 茜 苗 苗 薴 夢 夢 夢

멋지게 쓰기

三 刀 之 夢

멋지게 말하기

때로는 '**삼도지몽**'을 꾸는 것이 우리의 삶에 새로운
변화를 가져올 수 있다는 것을 잊지 마세요!

여진여몽

如眞如夢

꿈인지 생시인지 모를 지경임.

같을 여
부수 : 女

如 如

총 6획 ㄑ 夕 女 女 如 如

참 진
부수 : 目

眞 眞

총 11획 一 匕 匕 匕 卣 卣 卣 直 直 眞 眞

같을 여
부수 : 女

如 如

총 6획 ㄑ 夕 女 女 如 如

꿈 몽
부수 : 夕

夢 夢

총 14획 一 十 十 芒 芦 节 茜 茜 苗 苗 薴 夢 夢 夢

멋지게 쓰기

如 眞 如 夢

멋지게 말하기

내가 로또 1등에 당첨되다니, **여진여몽**이다.

一場春夢

한바탕의 봄꿈처럼 헛된 영화나 덧없는 일이란
뜻으로, 인생의 허무함을 비유하여 이르는 말.

한 일   부수 : 一

총 1획   一

마당 장   부수 : 土

총 12획   一 十 土 圵 圬 坦 坦 坦 場 場 場 場

봄 춘   부수 : 日

총 9획   一 三 声 夫 寿 春 春 春

꿈 몽   부수 : 夕

총 14획   一 十 廿 艹 艹 苩 苩 苗 苗 夢 薃 夢 夢 夢

멋지게 쓰기

一 場 春 夢

멋지게 말하기

한 때의 부귀영화도 지나고 보면
일장춘몽에 지나지 않는다.

青雲萬里

입신출세(立身出世)를 위한 원대한
포부나 꿈을 비유적으로 이르는 말.

푸를 청   부수 : 青

총 8획   一 二 十 圭 主 青 青 青

구름 운   부수 : 雨

총 12획   一 厂 厂 雨 雨 雨 雩 雲 雲 雲 雲 雲

일만 만   부수 : 艹

총 13획   一 十 十 芏 芊 芢 苩 莒 莒 萬 萬 萬 萬

마을 리   부수 : 里

총 7획   丶 口 曰 日 甲 甲 里

멋지게 쓰기

青 雲 萬 里

멋지게 말하기

요즘 같은 불경기에도 **청운만리**의 포부를
가진 청년 사업가들이 많다.

취생몽사

醉生夢死

술에 취한 듯 살다가 꿈을 꾸듯이 죽는다는 뜻으로,
한평생을 아무 의미 없이 살아감을 비유한 말.

취할 전   부수 : 酉

醉	醉		

총 15획   一 丆 丂 丙 酉 酉 酉 酉 酉 醉 醉 醉 醉 醉 醉

날 생   부수 : 生

生	生		

총 5획   丿 ㅏ 느 生 生

꿈 몽   부수 : 夕

夢	夢		

총 14획   一 十 艹 芦 芦 芦 莳 苗 苗 夢 夢 夢 夢

죽을 사   부수 : 歹

死	死		

총 6획   一 厂 歹 歹 列 死

멋지게 쓰기

醉	生	夢	死

멋지게 말하기

성직이는 나이가 서른이 넘었는데도,
취업도 안하고 일상을 **취생몽사**하며 지내고 있다.

치인설몽

癡人説夢

어리석은 사람이 꿈 이야기를 한다는 뜻으로, 허황한
말을 늘어놓는 일을 비유하는 말.

어리석을 치   부수 : 疒

癡	癡		

총 19획   丶 亠 广 广 疒 疒 疒 疒 疒 疒 疒 痄 痆 癡 癡 癡 癡 癡 癡

사람 인   부수 : 人

人	人		

총 2획   丿 人

말씀 설   부수 : 言

説	説		

총 14획   丶 亠 ㄐ 言 言 言 言 言 訡 訡 訡 詥 説 説

꿈 몽   부수 : 夕

夢	夢		

총 14획   一 十 艹 芦 芦 芦 莳 苗 苗 夢 夢 夢 夢

멋지게 쓰기

癡	人	説	夢

멋지게 말하기

지금까지는 참고 경청했지만,
더는 그의 **치인설몽**을 참지 못하겠습니다.

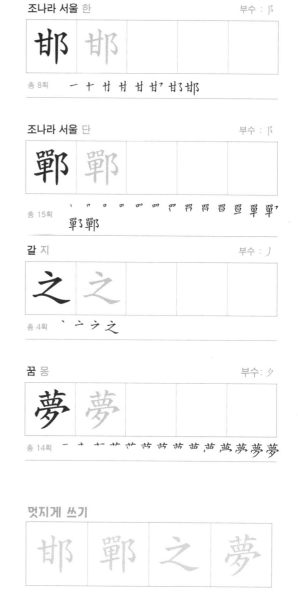

포말몽환
泡沫夢幻

물 위에 뜨는 거품과 꿈이라는 뜻으로,
삶의 덧없음을 비유해 이르는 말.

거품 포　　　　　부수: 氵

泡　泡

총 8획　丶丶氵氵泃泃泃泡

물거품 말　　　　부수: 氵

沫　沫

총 8획　丶丶氵汇汇汁沫沫

꿈 몽　　　　　부수: 夕

夢　夢

총 14획　一十十节节节节节苗萌萌夢夢

헛보일 환　　　　부수: 幺

幻　幻

총 4획　幺幺幺幻

멋지게 쓰기

泡　沫　夢　幻

멋지게 말하기

인간들이 서로 더 좋은 것을 가지겠다고 다투지만, 천년
사는 나무가 볼 때는 **포말몽환**에 불과할 것이다.

한단지몽
邯鄲之夢

한단에서 꾼 꿈이라는 뜻으로, 인생의 부귀영화는
일장춘몽과 같이 허무함을 이르는 말.

조나라 서울 한　　　부수: 阝

邯　邯

총 8획　一十廿甘甘甘邯邯

조나라 서울 단　　　부수: 阝

鄲　鄲

총 15획　丶丷丷冖冎冎罒罗罗單單
鄲鄲

갈 지　　　　　부수: 丿

之　之

총 4획　丶一二之

꿈 몽　　　　　부수: 夕

夢　夢

총 14획　一十十节节节节节苗夢萌夢夢

멋지게 쓰기

邯　鄲　之　夢

멋지게 말하기

인생 **한단지몽**에 불과하니, 사소한 일로 너무
기뻐하거나 성낼 필요가 없다.

144

胡蝶之夢

장자가 나비가 되어 날아다닌 꿈으로,
인생의 덧없음을 비유.

오랑캐 이름 호　　　　　부수 : 月

胡	胡			

총 9획　一 十 十 古 古 却 胡 胡 胡

나비 접　　　　　　부수 : 阝

蝶	蝶			

총 15획　丶 丶 口 中 虫 虫 虫 虹 蚜 蚜
蚶 蝶 蝶 蝶 蝶

갈 지　　　　　　부수 : 丿

之	之			

총 4획　丶 一 ㇇ 之

꿈 몽　　　　　　부수 : 夕

夢	夢			

총 14획　一 十 十 艹 艹 艻 芍 莤 莤 夢 莤 莢 夢 夢

멋지게 쓰기

胡	蝶	之	夢

멋지게 말하기

회사에서의 성공 이후, 그의 인생은 **호접지몽** 같은
환상을 찾아 헤매기 시작했다.

華胥之夢

중국 전설상의 임금인 황제가 화서라는
나라에 갔던 꿈으로, 좋은 꿈을 이르는 말

빛날 화　　　　　부수 : 艹

華	華			

총 11획　一 十 卄 艹 艹 芏 芏 苹 莩 莗 華

서로 서　　　　　부수 : 月

胥	胥			

총 9획　一 マ 了 乛 乛 疋 胥 胥 胥

갈 지　　　　　　부수 : 丿

之	之			

총 4획　丶 一 ㇇ 之

꿈 몽　　　　　　부수 : 夕

夢	夢			

총 14획　一 十 十 艹 艹 艻 芍 莤 莤 夢 莤 莢 夢 夢

멋지게 쓰기

華	胥	之	夢

멋지게 말하기

전날 밤 **화서지몽**을 꾸었으니,
시험결과가 좋을 것이다.

나부지몽 : 나부산(羅浮山)의 꿈이라는 뜻으로, 덧없는 한바탕의 꿈을 이르는 말.

남가지몽 : 남쪽 가지 밑에서 꾼 한 꿈이라는 뜻으로, 일생과 부귀영화가 한낱 꿈에 지나지 않음을 뜻하는 말.

동상각몽 : 같은 침상에서 서로 다른 꿈을 꾼다는 뜻으로, 겉으로는 같이 행동하면서 속으로는 각기 딴 생각을 함을 이르는 말.

동상이몽 : 같은 침상에서 서로 다른 꿈을 꾼다는 뜻으로, 겉으로는 같이 행동하면서 속으로는 각기 딴 생각을 함을 이르는 말.

몽매지간 : 잠을 자면서 꿈을 꾸는 동안이라는 뜻으로, 사물을 좀처럼 잊지 못함이나 이룰 수 없는 일에 너무 지나치게 몰두함을 이르는 말.

몽중몽설 : 꿈속에 꿈이야기를 하듯이 종잡을 수 없는 말을 함. 또는 그런 말.

몽중상심 : 몹시 그리워서 꿈에서까지 서로 찾는다는 뜻으로, 매우 친밀함을 이르는 말.

몽중점몽 : 꿈속에서 꿈을 점친다는 뜻으로, 사람의 인생이 덧없다는 의미.

몽환포영 : 꿈과 허깨비, 거품과 그림자와 같다는 뜻으로, 인생의 헛되고 덧없음을 비유해 이르는 말.

비몽사몽 : 꿈인지 생시인지 어렴풋한 상태를 뜻함.

삼도지몽 : 칼 세 자루의 꿈이라는 뜻으로, 영전(榮轉)함을 이르는 말.

여진여몽 : 꿈인지 생시인지 모를 지경임.

일장춘몽 : 한바탕의 봄 꿈처럼 헛된 영화나 덧없는 일이란 뜻으로, 인생의 허무함을 비유하여 이르는 말.

청운만리 : 입신출세(立身出世)를 위한 원대한 포부나 꿈을 비유적으로 이르는 말.

취생몽사 : 술에 취한 듯 살다가 꿈을 꾸듯이 죽는다는 뜻으로, 한평생을 아무 의미 없이 살아감을 비유한 말.

치인설몽 : 어리석은 사람이 꿈 이야기를 한다는 뜻으로, 어리석은 사람이 허황한 말을 늘어놓는 일을 비유하는 말.

포말몽환 : 물 위에 뜨는 거품과 꿈이라는 뜻으로, 삶의 덧없음을 비유해 이르는 말.

한단지몽 : 한단에서 꾼 꿈이라는 뜻으로, 인생의 부귀영화는 일장춘몽과 같이 허무함을 이르는 말.

호접지몽 : 장자가 나비가 되어 날아다닌 꿈으로, 인생의 덧없음을 비유.

화서지몽 : 중국 전설상의 임금이 황제가 화서라는 나라에 갔던 꿈으로, 좋은 꿈을 이르는 말.

찾아보기

찾아보기

사자성어를 알면 어휘가 보인다
쓰기 연습 노트 1

초판 1쇄 펴낸날 2023년 7월 27일

지은이   신성권
펴낸이   이종근
펴낸곳   도서출판 하늘아래

주소   경기도 고양시 일산동구 하늘마을로 57- 9 3층 302호
전화   (031) 976-3531
팩스   (031) 976-3530
이메일   haneulbook@naver.com
등록번호   제300-2006-23호

ISBN   979-11-5997-086-3 (43710)